J

Praktiken der elektronischen Ve

João Marcos Machado de França

Praktiken der elektronischen Verwaltung in den Gemeinden des Bundesstaates Rondônia

ScienciaScripts

This book is a translation from the original published under ISBN 978-613-9-60448-7.

Publisher:
Sciencia Scripts
is a trademark of
Dodo Books Indian Ocean Ltd. and OmniScriptum S.R.L publishing group

120 High Road, East Finchley, London, N2 9ED, United Kingdom
Str. Armeneasca 28/1, office 1, Chisinau MD-2012, Republic of Moldova, Europe

ISBN: 978-620-7-27820-6

Meine besondere Zuneigung gilt meiner geliebten Frau Auricélia Santos Mota, die mir geholfen hat, das zu verwirklichen, was zunächst wie ein weiterer Traum erschien.

DANKSAGUNGEN

Der erste Dank gilt zweifellos Gott für das Geschenk des Lebens, für die Erleuchtung der besten Wege, für Kraft in schwierigen Zeiten, Motivation, Glaube und Ausdauer beim Beginn und Abschluss dieser Dissertation sowie für den Mut und die Weisheit, die Hindernisse und Herausforderungen dieser Reise von 2013 bis 2015 zu überwinden.

Meinem Betreuer, Professor Dr. Theóphilo Alves de Souza Filho, für die Ermutigung und den entscheidenden Beitrag zu dieser Dissertation, für die Lernmöglichkeiten und für seine Geduld;

An die Mitglieder des Qualifikationsausschusses, Prof. Dr. Janilene Vasconcelos de Melo, Prof. Dr. Mariluce Paes de Souza und Prof. Dr. Theophilo Alves de Souza Filho, für ihre Beiträge zur Verbesserung meiner Dissertation;

Meinen Masterkollegen Gelciomar Simão Justen und Marcos Roberto de Lima Leandro, die mich dazu inspiriert haben, E-Governance als Thema dieser Dissertation zu wählen, als wir gemeinsam einen Artikel zum Thema "Governance in Organisationen" geschrieben haben;

Den Professoren des PPGMAD/UNIR, Dr. Carlos André da Silva Muller, Dr. José Moreira da Silva Neto, Dr.[3] . Mariluce Paes de Souza, Dr. Osmar Siena, Dr. Theophilo Alves de Souza Filho und Dr. Tomás Daniel Menéndez Rodriguez für ihren Unterricht und die Erleichterung des Wissensaufbaus während der Masterkurse und ihren Beitrag zu meiner beruflichen Entwicklung.

An meine Klassenkameraden von 2013/2, Aloir Pedruzzi Junior, Cirleia Carla Sarmento Santos Soares, Erika Paixao de Campos, Francisco Lopes Fernandes Netto, Gelciomar Simao Justen, Iluska Lobo Braga, Jean Marcos da Silva, Jeoval Batista da Silva, Jhordano Malacarne Bravim, Joao Eloi de Melo, Leandro de Jesus, Leonardo Falcao Ribeiro, Leticia Nunes Nascimento Martins, Marcos Roberto de Lima Leandro, Rosigleide Reboli Cardoso und Valdeson Amaro Lima, für die gesunde Koexistenz und den Austausch von Wissen und Lernen und für die Freundschaft, die uns für immer verbinden wird.

Schließlich möchte ich all jenen danken, die direkt oder indirekt zur Fertigstellung dieser Arbeit beigetragen haben.

"Lernen findet durch das aktive Verhalten des Schülers statt, der durch das, was er tut, lernt und nicht durch das, was der Lehrer tut."

Ralph W. Tyler.

ZUSAMMENFASSUNG

Organisationen arbeiten in einem immer komplexeren Umfeld und sind ständig verschiedenen Arten von Druck ausgesetzt, sowohl intern als auch extern. Öffentliche Organisationen sind Teil dieses Szenarios und verlangen zunehmend bessere Leistungen als Ergebnis effizienter Managementmechanismen in Bezug auf ihre Verpflichtungen. Mit der Entwicklung des Einsatzes von Computern und Medien haben sich neue Formen von Beziehungsmodellen zwischen Staat und Gesellschaft herausgebildet, die sich zunehmend auf neue Informations- und Kommunikationstechnologien (IKT) stützen. Diese Technologien haben daher das Potenzial, eine neue Beziehung zwischen Regierung und Bürgern aufzubauen, da man davon ausgeht, dass sie eine effizientere, demokratischere und transparentere öffentliche Verwaltung ermöglichen. In diesem Zusammenhang entsteht die E-Governance, die das Handeln der Bürger gegenüber der Regierung mit elektronischen Mitteln umfasst und der Gesellschaft ein freies Mitspracherecht bei Regierungsmaßnahmen ermöglicht. Vor diesem Hintergrund besteht das allgemeine Ziel dieser Studie darin, die E-Governance-Indizes der Gemeinden im Bundesstaat Rondônia zu bewerten. Um dieses Ziel zu erreichen, wurde eine deskriptive, dokumentarische und qualitative Forschungsmethode angewandt. Es wurde festgestellt, dass unter den untersuchten Gemeinden Porto Velho mit 61,50 % der implementierten E-Governance-Praktiken die höchste IGEM-Punktzahl erreichte, während Ariquemes (55,22 %), Ouro Preto (51,73 %), Vilhena (51,40 %) und Ji-Paraná (51,07 %) der auf den Websites beobachteten Praktiken aufweisen. Gouverneur Jorge Teixeira war derjenige mit der niedrigsten IGEM-Punktzahl, mit (39,77%) der implementierten E-Governance-Praktiken, Campo Novo de Rondônia (39,91%), Cabixi (40,20%), Itapuã do Oeste (40,26%) und Castanheira, mit (40,26%) der auf den Websites beobachteten Praktiken.Daraus lässt sich schließen, dass die Portale der untersuchten Gemeinden zwar mehr Merkmale von E-Government aufweisen, aber noch weit von einer E-Governance entfernt sind, die in der Lage ist, eine Umstrukturierung vorzunehmen und neue Formen der Interaktion zwischen Regierungsbeamten und Bürgern zu ermöglichen, da es an der Beteiligung der Bevölkerung an Regierungsentscheidungen mangelt, die ein wesentlicher Bestandteil einer guten E-Governance ist.

Schlüsselwörter: Elektronische Verwaltung. Index. Gemeinden.

ZUSAMMENFASSUNG

KAPITEL 1

EINFÜHRUNG

Organisationen arbeiten in einem immer komplexeren Umfeld und sind ständig verschiedenen Arten von Druck ausgesetzt, sowohl intern als auch extern. Auch öffentliche Organisationen sind Teil dieses Szenarios, in dem die Anforderungen an eine bessere Leistung als Ergebnis effizienter Verwaltungsmechanismen im Hinblick auf ihre Verpflichtungen steigen.

Seit Jahrhunderten basiert die öffentliche Verwaltung auf rein politischen Aspekten und verteidigt die Interessen einer zentralisierten Führung. Diese Praxis war in der Gesellschaft seit den frühesten Zivilisationen der vergangenen Jahrhunderte immer präsent. Selbst im 20. Jahrhundert wurden die öffentlichen Aktivitäten nach dem vorherrschenden Modell eines koronelistischen und klientelistischen Staates gelenkt, der soziale Probleme allgemein als das Ergebnis einer einzigen Ursache behandelte. Die "Lösungen" waren also immer die gleichen (DAGNINO & COSTA, 2013).

Es kam jedoch eine Zeit, in der die sozialen Probleme über die Grenzen der Monokausalität hinausgingen, was zu Bewegungen führte, die Druck auf die Regierung ausübten, um mehr Lösungen zu finden, die den ständig wachsenden Anforderungen gerecht werden konnten. Ab den 1970er Jahren entstand unter dem Druck einer neuen Regierung ein neues Verwaltungsmodell, das als "New Public Management" oder NPM bekannt wurde. NPM entstand als eine Form der öffentlichen Verwaltung, die die Agenda der Regierungen änderte und sie weiter an die tatsächlichen sozialen Anforderungen heranführte, mit Maßnahmen, die breiter angelegt, weniger zentralisiert, weniger bürokratisch und näher am Bürger waren (POLLITT & BOUCKAERT, 2002).

Durch die Nähe zwischen Staat und Gesellschaft werden die Bürger als Teil des öffentlichen Verwaltungsprozesses betrachtet, da sie in der Lage sind, auf soziale Probleme hinzuweisen, die zu Forderungen nach öffentlichen Maßnahmen führen, und die Maßnahmen der Regierung und die Investition von Ressourcen zu überwachen. Die Bürgerinnen und Bürger werden nun als Stakeholder betrachtet, da sie zu den Finanziers der Regierung gehören und mit ihren Steuern zu den öffentlichen Einnahmen beitragen, aus denen die zu investierenden Mittel stammen.

Regierungen in vielen verschiedenen Ländern agieren in einer komplexen Welt und müssen sich an die neue Realität des Wissenszeitalters und der Globalisierung anpassen. In diesem Zusammenhang entsteht die Informationsgesellschaft, in der die Informations- und Kommunikationstechnologien (IKT) eine wichtige Rolle bei der Art und Weise spielen, wie der Staat seine Hauptaufgaben erfüllt.

Diese Technologien verändern den Ansatz der öffentlichen Verwaltung und formen eine Realität, in der Bürger, Unternehmen und andere Organisationen einen immer schnelleren und einfacheren Zugang zur Regierung wünschen, in der Erwartung, dass ihre Bedürfnisse durch Regierungsprogramme befriedigt werden. In diesem Sinne sind neue Formen der Dienstleistungserbringung und neue Formen des Regierens einige mögliche Wege, um die allgemeine Wahrnehmung des öffentlichen Dienstes zu verbessern.

Diese elektronische Erbringung von Dienstleistungen beinhaltet auch andere Aspekte, wie z.b. E-Governance, die als "Zusammenführung von Bürgern, Schlüsselpersonen und gesetzlichen Vertretern zur Teilnahme an Gemeinschaften mit der Regierung mit elektronischen Mitteln" (FERGUSON, 2008, S.104) interpretiert wird.

Dies ist der Kontext der E-Governance, die sich nach Silva und Correa (2006, S. 2) auf die Nutzung der Möglichkeiten der neuen IKT konzentriert, die auf ein breites Spektrum von Regierungsfunktionen angewendet werden, um eine bessere soziale Leistung zu erzielen.

Bei der E-Governance geht es jedoch nicht nur darum, Dienstleistungen online verfügbar zu machen und die öffentliche Verwaltung effizienter zu gestalten. Der durch die IKT eröffnete Kanal ermöglicht potenziell viel größere Fortschritte in der öffentlichen Verwaltung, da er auf eine stärkere Beteiligung der Gesellschaft an der Entscheidungsfindung und an der Kontrolle des staatlichen Handelns abzielt.

1.1 Forschungsproblem

Heutzutage sind Informationen in zunehmendem Maße zugänglich, 24 Stunden am Tag, jeden Tag. Alles, was Sie brauchen, ist ein Zugang zum World Wide Web, und schon steht Ihnen eine ganze Reihe von Browsing-Optionen zur Verfügung. So wie Sie Ihre jährliche Einkommenssteuererklärung in Brasilien problemlos über das Internet einreichen können, werden auch immer mehr elektronische Dienstleistungen der Behörden verfügbar.

Mit der Entwicklung des Einsatzes von Computern und Medien, insbesondere der Internet-Infrastruktur, wurden neue Formen der Beziehungen zwischen Staat und Gesellschaft definiert, die sich zunehmend auf IKT stützen. Die neuen Technologien haben daher das Potenzial, eine neue Beziehung zwischen Regierung und Bürgern aufzubauen, da sie die öffentliche Verwaltung

7

effizienter, demokratischer und transparenter machen sollen (MEDEIROS; GUIMARÃES, 2004).

Bei der E-Governance geht es jedoch nicht nur darum, Dienstleistungen *online* verfügbar zu machen und die öffentliche Verwaltung effizienter zu gestalten. Der durch die IKT eröffnete Kanal ermöglicht potenziell viel größere Fortschritte in der öffentlichen Verwaltung, da er auf eine stärkere Beteiligung der Gesellschaft an der Entscheidungsfindung und an der Kontrolle des staatlichen Handelns abzielt. In dieser Dissertation werden daher die E-Governance-Praktiken auf den Websites der Gemeinden im Bundesstaat Rondônia untersucht.

1.2 Allgemeine Zielsetzung

Ermittlung der E-Governance-Praktiken der Gemeinden im Bundesstaat Rondônia unter Verwendung der Governance-Index-Methodik nach Mello (2009).

1.2.1 - Spezifische Zielsetzungen:

Zweitens sollen die folgenden spezifischen Ziele erreicht werden:

- Ermittlung der E-Governance-Praktiken, die von den 52 Gemeinden im Bundesstaat Rondônia umgesetzt werden;

- Berechnung der E-Governance-Indizes der untersuchten Gemeinden;

- Beschreibung der E-Governance-Praktiken der Gemeinden im Bundesstaat Rondônia;

- Messung von E-Governance-Indizes auf der Grundlage der Mello-Methodik (2009).

1.3 Rechtfertigung

Die Technologie und das Internet gewinnen in der Gesellschaft immer mehr an Bedeutung, was die Forschung dazu anregt, diesen Mechanismus besser zu nutzen, der es den öffentlichen Verwaltern ermöglicht hat, ein neues Modell der Beziehung zur Bevölkerung zu schaffen, das potenziell eine soziale Kontrolle und eine stärkere Interaktion zwischen der Gesellschaft und der öffentlichen Verwaltung ermöglicht, sei es durch Kritik oder durch eine Stellungnahme zu den der Bevölkerung angebotenen Dienstleistungen.

Das Interesse an der Untersuchung von E-Governance-Fragen gewann in den frühen 2000er Jahren an Fahrt, aber schon vorher diskutierten und implementierten viele Regierungen E-

8

Government, insbesondere die Nutzung des Internets zur Bereitstellung von Dienstleistungen. Dieses Interesse wurde zum Teil durch das geometrische Wachstum des Internetzugangs geweckt. Nach Untersuchungen des brasilianischen Internet-Lenkungsausschusses (CGI, 2008) betrug der Anteil der Internetnutzer Ende 2007 bereits 34 Prozent der Bevölkerung, d. h. rund 45 Millionen Internetnutzer.

Daher muss ein neues Governance-Modell auf Operationen im virtuellen Raum, der digitalen Wirtschaft und dem Umgang mit wissensbasierten Gesellschaften beruhen. In diesem Zusammenhang erscheint E-Governance als ein neuer Trend, der die Art und Weise, wie die Regierung arbeitet, neu erfindet (GHOSH; ARORA, 2005, S. 52).

Darüber hinaus macht E-Governance Organisationsstudien praktikabler, fördert die Interaktion innerhalb und zwischen den Regierungen, versucht interne Prozesse zu verbessern und bietet IKT-Unterstützung für öffentliche Verwalter und begünstigt auf diese Weise die Formulierung einer effizienteren, effektiveren, nachhaltigeren, transparenteren, gerechteren und institutionell artikulierten öffentlichen Politik (SOARES Jr.; SANTOS, 2007, S. 12).

Vor diesem Hintergrund soll diese Arbeit einen Beitrag zur Erforschung des Themas leisten, indem sie zur Diskussion von Fragen anregt, die für die Entwicklung der Bürgerschaft und damit der Demokratie in Brasilien von großer Bedeutung sind, und eine Methode zur Bewertung und Überwachung der Entwicklung von E-Governance in den Gemeinden des Bundesstaates Rondônia vorschlägt.

1.4 Struktur der Arbeit

Um das in dieser Untersuchung vorgeschlagene Ziel zu erreichen, ist die Arbeit in fünf Phasen unterteilt, zusätzlich zu den Referenzen und Anhängen:

Phase 1 - Einleitung: Darstellung der Problemstellung, der Forschungsziele, der Gründe für die Studie und des Aufbaus der Arbeit.

Stufe 2 - Theoretischer Rahmen liefert die theoretische Grundlage für die Untersuchung. Zu diesem Zweck wird zunächst das Konzept der Literatur über Public Governance vorgestellt, dann werden theoretische Trends im Bereich der elektronischen Governance in der öffentlichen Verwaltung erörtert und schließlich werden Aspekte im Zusammenhang mit der elektronischen Governance in der öffentlichen Verwaltung vorgestellt.

9

Phase 3 - Methodik beschreibt die methodischen Verfahren, die für die Durchführung der Untersuchung gewählt wurden.

In Phase 4 - Analyse der Ergebnisse - werden die aus der Studie gewonnenen Ergebnisse und ihre Analysen vorgestellt.

Phase 5 - Abschließende Überlegungen geht auf die Forschungsziele ein, stellt die Schlussfolgerungen der Studie vor und gibt Empfehlungen für die zukünftige Forschung.

KAPITEL 2

THEORETISCHER RAHMEN

Dieses Kapitel liefert die theoretische Grundlage für diese Untersuchung, indem es zunächst Konzepte aus der Literatur über Public Governance vorstellt, dann die theoretischen Trends von E-Governance in der öffentlichen Verwaltung erörtert und schließlich das Thema E-Governance im Public Management vorstellt.

2.1 Öffentliche Verwaltung

Es gibt keinen Konsens über das Konzept der öffentlichen Verwaltung. Tatsächlich gibt es verschiedene Ansatzpunkte für eine neue Art der Strukturierung der Beziehungen zwischen dem Staat und seinen Institutionen, mit gewinnorientierten und gemeinnützigen Organisationen auf der einen und der Bevölkerung auf der anderen Seite (DELFORGE, 2011).

Der Begriff "Governance" wurde von internationalen Organisationen wie dem britischen Ministerium für internationale Entwicklung (DFID), dem Entwicklungsprogramm der Vereinten Nationen (UNDP) und der Weltbank, die für die Verbreitung dieses Konzepts verantwortlich sind, auf unterschiedliche Weise definiert (MINOGUE, POLIDANO und HULME, 1998).

Delforge (2011) erklärt, dass das Konzept der Governance ursprünglich mit der entwicklungspolitischen Debatte in Verbindung gebracht wurde, ein Begriff, der verwendet wurde, um Entwicklungspolitiken zu bezeichnen, die auf strukturellen Annahmen wie Management, Rechenschaftspflicht, Transparenz und Legalität im öffentlichen Sektor basieren, die für die Entwicklung der Gesellschaft grundlegend sind.

Paiva (2002, S. 9) erklärt, dass "Governance" vom lateinischen Wort "gubernare" stammt und mit "Regierung", "Verwaltung im allgemeinsten Sinne", verwandt ist. Lane (2000) konzeptualisiert Governance als eine Reihe von Theorien darüber, wie sich die Regierung auf die Bereitstellung von Dienstleistungen für die Bevölkerung bezieht.

Für Rezende und Freury (2005) ist Governance definiert als die finanzielle und administrative Fähigkeit, öffentliche Politiken umzusetzen, die darauf abzielen, den Staat zu stärken, die Finanzkrise zu überwinden, seinen Tätigkeitsbereich abzugrenzen, den strategischen Kern von den dezentralen Einheiten zu unterscheiden, Politiker zu präsentieren, die in der Lage sind, die notwendigen Entscheidungen zu treffen, und eine Bevölkerung zu präsentieren, die motiviert ist, soziale Kontrolle

11

auszuüben.

Ruas (1997) erklärt, dass die finanzielle Leistungsfähigkeit der Verfügbarkeit öffentlicher Mittel entspricht, damit Investitionen getätigt und laufende öffentliche Maßnahmen eingeführt und fortgeführt werden können. Die administrative Governance bezieht sich auf die Art und Weise der Verwaltung und die durch das Verwaltungshandeln gesetzten Grenzen. Aus dieser Perspektive erklärt Bresser Pereira (1997), dass bei den Versuchen, die Staatskrise zu bekämpfen, in den 80er Jahren der Schwerpunkt auf der Haushaltsanpassungspolitik lag. In den 90er Jahren reichten diese Bemühungen nicht mehr aus, und es wurde versucht, die Verwaltungskapazität des Staates zu maximieren.

Die Definition von Public Governance entstand inmitten des Übergangs des Verwaltungsmodells des brasilianischen Staates und wird von Fontes Filho (2003) als Anwendung von Strategien des Privatsektors betrachtet, die an die Realität des öffentlichen Sektors angepasst sind, mit dem Ziel, private Techniken in die öffentliche Verwaltung einzubringen, die es ermöglichen, die Transparenz und die Beteiligung der Gesellschaft zu erhöhen und die Qualität der angebotenen Dienstleistungen zu verbessern, sowie eine effizientere Abwicklung der Transaktionen zwischen dem Staat und den Bürgern zu ermöglichen. Bento (2003) definiert Governance als eine Reihe von Instrumenten, die darauf abzielen, die Verwaltungsprozesse des Staates optimal und effizient zu gestalten, um die Demokratisierung der öffentlichen Politik zu erreichen.

Aufgrund des Potenzials, das sich aus dem Wachstum der sozialen Akteure des New Public Management ergibt, haben die Forscher in den Regierungssektoren mehr über Governance diskutiert und neue Perspektiven für die öffentliche Verwaltung aufgezeigt, insbesondere die Notwendigkeit, die Beteiligung der Gesellschaft zu fördern, um die öffentlichen Entscheidungsprozesse zu demokratisieren (REZENDE; FREURY, 2005).

Die Weltbank und das Entwicklungsprogramm der Vereinten Nationen (UNDP) haben sich des Konzepts der Governance in erheblichem Maße bedient. Für Coppedge (1995) ist die Governance für die Beziehungen zwischen sozialen Akteuren verantwortlich, die sich in ihren Machtressourcen unterscheiden.

Der Autor erklärt, dass diese Beziehungen Regeln und Verfahren haben, die sie regeln und die von allen respektiert und eingehalten werden müssen, die er Formeln nennt (PEREIRA et al., 2010).

Die Institutionen betonen, dass eine gute Regierungsführung voraussetzt, dass alle Teile der

Gesellschaft Vertreter haben, die frei an der öffentlichen Verwaltung teilnehmen können. Dies setzt eine offene und transparente Verwaltung voraus, die über Instrumente verfügt, die die soziale Kontrolle und eine enge Beziehung zwischen Regierung und Bürgern fördern. Dies bedeutet, dass ethisches Verhalten stets respektiert wird und dass die Verwaltung selbst motiviert ist, die Mitglieder der Gesellschaft zu ermutigen, sich am Prozess der sozialen Entwicklung zu beteiligen (PEREIRA et al., 2010).

Eine der Voraussetzungen für eine effiziente öffentliche Verwaltung ist die Verbreitung hochwertiger Informationen an ihre Nutzer. Die ersten Veränderungen sind in der Verteilung der wirtschaftlichen, politischen und sozialen Aktivitäten zu beobachten, die durch diese Technologien entgrenzt wurden. In dieser Hinsicht wurde festgestellt, dass die Informations- und Kommunikationstechnologien es den Bürgern ermöglichen, auf immer schnellere und einfachere Weise mit elektronischen Dienstleistungen in Kontakt zu treten (SANTOS JUNIOR; OLIVEIRA, 2012).

Die mangelnde Beteiligung der Bevölkerung ist eine der Herausforderungen für eine gute Regierungsführung, da die Gesellschaft kein Interesse an der Politik hat und es ihr dadurch erschwert wird, Teil des Netzwerks zu werden, das sich zwischen den Staaten und den verschiedenen gesellschaftlichen Akteuren bildet. Diese Situation ist nicht nur für den Staat nachteilig, sondern auch für die Gesellschaft selbst, die durch die Nichtbeteiligung an einem Prozess, der direkte oder indirekte Folgen für sie hat, entweder jetzt oder in der Zukunft, verliert (CELSO; SILVA; COELHO, 2012).

Ein umfassenderes Konzept bezieht sich auf eine breit angelegte Strategie des Wandels, um die Institutionen der Zivilgesellschaft zu stärken und die Regierungen in die Lage zu versetzen, offener, verantwortlicher, transparenter und demokratischer zu werden. Die UNO (UNITED NATIONS, 2002, S.53-54) definiert Governance als:

> Governance ist nicht notwendigerweise eine "physische Einheit", noch ist es der Akt des Regierens von Bürgern. Vielmehr wird sie als ein Prozess verstanden, durch den sich Institutionen, Organisationen und Bürger selbst "leiten". Beim Regieren geht es auch um die Interaktion zwischen dem öffentlichen Sektor und der Gesellschaft und darum, wie sich die Gesellschaft organisiert, um kollektive Entscheidungen zu treffen, so dass transparente Mechanismen zur Verfügung stehen, um diese Entscheidungen zu verwirklichen.

Darüber hinaus ist zu berücksichtigen, dass der Staat Merkmale aufweist, die ihn von privaten Organisationen unterscheiden, einschließlich der Definition von Governance. In der Privatwirtschaft bezieht sich der Begriff auf die Unternehmensführung, die die Beziehungen zwischen den

13

Aktionären, der Geschäftsleitung und dem Verwaltungsrat umfasst und das System der Unternehmensführung darstellt (MONTGOMERY und KAUFMAN, 2003), während sich die Definition im öffentlichen Sektor auf die Fähigkeit des Staates bezieht, die in seiner Planung festgelegte öffentliche Politik wirksam umzusetzen (GUIMARÃES; MEDEIROS, 2003).

Nach González de Gómez (2002) und Cabral (1995) sind der Zugang zu Informationen und die Pluralität der Partizipationsinstrumente grundlegende Elemente für die Beobachtung der Regierungsführung und die Ausübung der Bürgerrechte selbst. Governance ist ein wichtiger Mechanismus, um ein höheres Maß an Transparenz zu erreichen, die Verfügbarkeit von Informationen für die Bevölkerung zu erleichtern und die Beteiligung der Bevölkerung an der öffentlichen Verwaltung zu fördern.

Der Zugang zu öffentlichen Informationen bezieht sich auf die Rolle des Staates als Anbieter von Informationen für die Gesellschaft und ist somit ein wichtiges Element der Regierungsführung (RIBEIRO, 2004; GONZÁLEZ DE GÓMEZ, 2002). Die Popularisierung des Zugangs zu Informationen muss durch die Anerkennung dieses Rechts erreicht werden, indem der Exekutive Programme zur Verfügung gestellt werden, die von der Legislative reguliert und überwacht werden.

Mehrere Autoren (FREY, 2000; GOMES, 2005, RUEDIGER, 2002) haben argumentiert, dass in Brasilien Regierungswebsites vorherrschen, die nur darauf abzielen, der Bevölkerung öffentliche Dienstleistungen anzubieten, ohne Informationen oder Instrumente zur Verfügung zu stellen, die die Gesellschaft zur Teilnahme ermutigen. Dies bedeutet, dass die Websites der Regierung dem E-Government-Modell näher stehen als der E-Governance, was darauf hindeutet, dass die Beziehungen zwischen Gesellschaft und Regierung noch weit vom Ideal entfernt sind (ALVES; DUFLOTH, 2008).

Als Nächstes muss die Theorie erörtert werden, die den in dieser Dissertation verfolgten Ansatz im Zusammenhang mit der Gemeinde, der E-Governance und ihren Beziehungen stützt.

2.2 Theoretische Tendenzen des E-Governance in der öffentlichen Verwaltung

Die Public-Choice-Theorie zeichnet sich als theoretischer Trend in der E-Governance aus.

Die Public-Choice-Theorie ist eine theoretische Strömung im Bereich E-Governance und wird in diesem Zusammenhang mit folgenden Zielen vorgestellt: Verringerung der Konflikte, die sich aus der Informationsasymmetrie zwischen öffentlichen Verwaltern und Bürgern ergeben;

Verringerung der Konflikte, die sich aus dem Verhalten der öffentlichen Verwalter ergeben, mit der Perspektive, dass sie Entscheidungen treffen können, um das Wohl der Gemeinschaft und nicht nur ihre eigenen Interessen zu maximieren.

Diese Ziele können erreicht werden, indem E-Governance die Transparenz, die Rechenschaftspflicht, eine stärkere Beteiligung der Gesellschaft, die Effizienz der internen Prozesse usw. fördert (MELLO, 2009).

Um diese Theorie näher zu erläutern, wird im Folgenden die Public-Choice-Theorie beschrieben.

2.2.1 Theorie der öffentlichen Wahl

Die Ursprünge und die Entwicklung der Public-Choice-Theorie (PCT) gehen auf das 18. Jahrhundert zurück, auf den Mathematiker Frances Marques de Condorcet und seine Beschreibung des "Paradoxons der Wahl". Die zeitgenössischen Ursprünge dieser Theorie liegen zwischen Ende der 1950er und Mitte der 1960er Jahre, wobei die Wirtschaftswissenschaftler James Buchanan und Gordon Tullok mit ihrem Werk The Calculus of Consent als Begründer der PCT gelten. Der Politikwissenschaftler Anthony Downs (*An Economic Theory of Democracy*, 1957) und die Wirtschaftswissenschaftler Mancur Olson (*The Logic of Collective Action*, 1965) und William Riker (*The Theory of Political Coalitions*, 1962) gelten ebenfalls als Mitbegründer dieser Theorie (BORSONI, 2004).

Die historische Entwicklung der Public-Choice-Theorie ist mit einem kritischen Ansatz in der Wohlfahrtsökonomie verbunden. Sie analysierte die Probleme der kollektiven Entscheidungsfindung angesichts von Problemen wie Ineffizienz der öffentlichen Verwaltung, fehlende Anreize, Probleme bei der Beschaffung von Informationen über die Präferenzen der Bürger und institutionelle Starrheit. Diese Herangehensweise an den politischen Prozess hat das demokratische Ideal in gewisser Weise verändert und gezeigt, dass die Bestrebungen dieses Ideals im Verhältnis zu dem, was die demokratische Methode zulässt, letztendlich zu hoch waren.

Die Public-Choice-Theorie ist seit ihren Anfängen mit der Beziehung zwischen den von der Wirtschaftswissenschaft und der Politikwissenschaft erörterten Problemen verbunden. Sie ist zu einem Zweig der Wirtschaftswissenschaft geworden, der die Merkmale der Art und Weise erforscht, in der Regierungen Entscheidungen über die Verteilung ihrer Ressourcen an die Gesellschaft treffen (BORGES, 2001). James Buchanan und Gordon Tullock beobachteten eine zunehmende

15

Politisierung der Wirtschaft, eine Bewegung, die predigte, dass die Regierung die Fähigkeit habe, die Wirtschaft zu regulieren und zu verwalten, und sich dabei auf die Existenz eines positiven Staates bezog. Das Auftreten bestimmter sozialer Faktoren in den 1970er Jahren, wie Arbeitslosigkeit und Inflation, machte jedoch eine unbefriedigende Wirtschaft deutlich, und der Staat begann, eine regulierende Rolle bei den wirtschaftlichen Aktivitäten zu spielen (SOUZA, 2013).

In diesem Zusammenhang tauchte die Vision des Staatsversagens auf, und die Public-Choice-Forscher identifizierten verschiedene Arten von Fehlern im staatlichen Sektor, die im Wesentlichen dem entsprachen, was in früheren Generationen von Ökonomen diskutiert worden war. Die Verstaatlichungspolitik war ein klarer Beweis für das Versagen des positiven Staates. Staatliche Unternehmen wurden in Frage gestellt, weil sie ihre sozialen und wirtschaftlichen Ziele nicht erreichten und es ihnen an Rechenschaftspflicht mangelte. Infolgedessen begann man, die Theorie der öffentlichen Wahl aus einer breiteren Perspektive als die traditionellen Formen der Konfliktlösung zu betrachten, da sie einen Vorschlag zur Erklärung des politischen Verhaltens bietet (SOUZA, 2013).

Im Gegensatz zur mikroökonomischen Analyse der neoklassischen Ökonomie, die sich auf private Entscheidungen von Einzelpersonen über Waren und Dienstleistungen für den privaten Gebrauch konzentriert, konzentriert sich Public Choice auf kollektive Entscheidungen über öffentliche Güter, die das Ergebnis individueller Entscheidungen sind.

Auf diese Weise ist die Public-Choice-Theorie für die Entscheidungen von Einzelpersonen verantwortlich, die eine ganze Gemeinschaft betreffen. Kollektive Entscheidungen, die sich aus individuellen Präferenzen und kollektiven Entscheidungsregeln und -verfahren ergeben, sind die grundlegenden Elemente der Public Choice Theorie (BORSONI, 2004).

Nach der Public-Choice-Theorie unterliegt der Einzelne im öffentlichen und privaten Leben denselben Beweggründen. Aus dieser Perspektive kann man sagen, dass Individuen ihre Entscheidungsmacht im politischen Prozess als Wähler und auf dem Markt als Konsumenten ausüben.

Public Choice zielt darauf ab, die indirekten kollektiven Präferenzen oder Meinungen von Einzelpersonen als Wähler im politischen Prozess zu untersuchen, im Vergleich zu ihren eigenen individuellen Präferenzen und Entscheidungen als Verbraucher auf dem Markt (CRUZ, 2011).

Diese Auffassung, dass sich die Regierung in ihrem wirtschaftlichen Verhalten ausschließlich vom öffentlichen Interesse leiten lässt, indem sie eine öffentliche Politik entwirft, die Marktversagen wirksam korrigiert, wurde von der Public-Choice-Theorie in Frage gestellt. Diesem Ansatz zufolge sind Politiker und Bürokraten, genau wie Unternehmer und Verbraucher in der neoklassischen Wirtschaft, rationale Akteure und werden durch ihr eigenes Interesse motiviert. Diese Realität führt dazu, dass öffentliche Maßnahmen, die auf das Gemeinwohl ausgerichtet sind, der Mehrheit der Bevölkerung nicht dienen. Die Public-Choice-Theorie geht also davon aus, dass staatliches Handeln ebenso fehlerhaft ist wie das Funktionieren des Marktes (BORSONI, 2004).

Rationales Verhalten und Eigeninteresse werden von demselben Autor als die beiden Grundannahmen der Public-Choice-Theorie dargestellt. Sie werden als Elemente betrachtet, die die individuellen Präferenzen von Regierenden und Wählern stimulieren.

In der Literatur wird auch ein drittes Element genannt, das sich auf die politischen Regeln und Institutionen bezieht.

Nach den Annahmen der Public-Choice-Theorie sind die Entscheidungen der Regierungsverantwortlichen das Ergebnis von Entscheidungen, die durch individuelle Präferenzen angeregt werden und die nach bestimmten Regeln und kollektiven Entscheidungsverfahren getroffen werden, die auf die Maximierung des individuellen Nutzens ausgerichtet sind (BORSONI, 2004).

Eigeninteresse ist der Aspekt des individuellen Modells, der in der Public-Choice-Theorie dargestellt wird. Ein Individuum mit Eigeninteresse ist jemand, der nach den Mitteln sucht, um die von ihm gewünschten Ziele zu erreichen, mit anderen Worten, er handelt mit dem Ziel, seine eigenen Wünsche zu befriedigen und nicht die eines anderen. Auf diese Weise erklärt die Public-Choice-Theorie, dass die Politik mit Mängeln behaftet ist und dass kollektiv getroffene Entscheidungen nicht immer dem allgemeinen Wohl dienen, weil die Einzelnen, genau wie auf dem Markt, bei politischen Entscheidungen Eigeninteressen verfolgen. Daher streben sie nicht nach dem Nutzen der anderen, sondern nach ihrem eigenen Nutzen (BERNABEL, 2009).

Die Public-Choice-Theorie hat in der akademischen Forschung an Bedeutung gewonnen und wird als eine Erweiterung der Konzepte der konventionellen Wirtschaftstheorie auf den politischen Markt angesehen.

Nach dieser Theorie verhalten sich die Menschen sowohl auf dem Markt als auch in der Politik auf dieselbe Weise, d. h. sie werden von demselben Anreiz der Maximierung des Eigeninteresses angetrieben (DIAS, 2009).

In dem Bewusstsein, dass die Regierungen verpflichtet sind, der Gesellschaft öffentliche Güter und Dienstleistungen zur Verfügung zu stellen, wird eine Analogie zu einem politischen Spiel hergestellt, in dem Wähler (Verbraucher) und Politiker (Anbieter) die Akteure sind. Diese Spieler entsprechen einerseits denjenigen, die kollektive Güter nachfragen, und andererseits denjenigen, die die Bereitstellung dieser Güter ermöglichen. Im politischen Spiel geht es also darum, die Nachfrage nach kollektiven Gütern mit der wirtschaftlichen Kapazität, diese bereitzustellen, in Einklang zu bringen. Der Hauptunterschied zu einer Organisation besteht darin, dass es den Politikern in erster Linie darum geht, Wahlen zu gewinnen, während die Unternehmen auf Gewinn ausgerichtet sind (FORMAINI, 2005).

Für Samuelson und Nordhaus (1993) ist Public Choice der Prozess, bei dem individuelle Präferenzen in kollektive Entscheidungen einfließen. Dieser Prozess führt zu komplexen Regierungsentscheidungen, die sich auf die Gesellschaft auswirken. Für die Public-Choice-Theorie ist die wahlberechtigte Bevölkerung zwar rational, aber tendenziell unwissend in Bezug auf regierungsbezogene Themen.

Wie auf dem Markt für Waren und Dienstleistungen kosten Informationen nicht viel, die Akteure treffen nur Entscheidungen über das, was ihnen passt, während auf dem "politischen Markt" die Wähler Entscheidungen über Themen treffen, die nicht in ihrem Interesse sind (PREWORSKY, 1995).

Da die Wähler rational unwissend sind, haben die Politiker keine Möglichkeit, im Voraus zu wissen, wie ihre Wahl ausfallen wird. Auf dem "politischen Markt" agieren organisierte private Gruppen, um den Wählerwillen entsprechend ihren Interessen zu beeinflussen. Die Politiker setzen Mechanismen ein, um öffentliche Maßnahmen zu verkaufen, die diesen Gruppen im Tausch gegen Wählerstimmen gefallen, was darauf schließen lässt, dass das politische Spiel zugunsten des sozialen Segments funktioniert, das besser strukturiert und einkommensmäßig besser positioniert ist (DOWNS, 1957; UDEHN, 1996).

Die Beteiligung der Bevölkerung am politischen Prozess erfolgt durch Wahlen, aber auch durch die Beteiligung von Interessengruppen. Die Public-Choice-Theorie hat sich mit der Rolle der

Interessengruppen bei der Beeinflussung und Festlegung der Politik befasst.

Olson (1982) unterscheidet zwischen zwei Arten von Gruppen: Gruppen von öffentlichem Interesse und Verteilungskoalitionen, die nur darauf abzielen, größere Ergebnisse für ihre Mitglieder zu erzielen.

Bei der Analyse der makroökonomischen Folgen der Beteiligung von Umverteilungskoalitionen sind wir zu der Hypothese gelangt, dass eine Gesellschaft umso mehr Umverteilungsgruppen bildet, je stabiler sie im Laufe der Zeit ist.

Public-Choice-Analysten haben viele Positionen zu den wirtschaftlichen Beweggründen von Politikern und den wirtschaftlichen Auswirkungen ihrer politischen Struktur bei der Lenkung und Beeinflussung des Lebens der Menschen durch Gesetze, Regeln, Vorschriften und Steuern entwickelt (CRUZ, 2012). Man kann also sagen, dass der Einzelne seine Entscheidungsgewalt im politischen Prozess als Wähler und auf dem Markt als Verbraucher ausübt.

Public Choice kann definiert werden als die Untersuchung der kollektiven Präferenzen oder Meinungen der Menschen als Wähler im politischen Prozess im Vergleich zu ihren eigenen individuellen Präferenzen und Entscheidungen als Verbraucher auf dem Markt. In diesem Sinne werden im Folgenden einige Konzepte der Public-Choice-Theorie vorgestellt.

Für Muller (1989) kann Public Choice definiert werden als die ökonomische Untersuchung des Entscheidungsprozesses außerhalb des Marktes oder die Anwendung ökonomischer Konzepte in der Politikwissenschaft. Ihr Untersuchungsgegenstand ist die Theorie des Staates, der Wahlregeln, des Verhaltens der Wähler, der politischen Parteien und der Bürokratie. Ihre Methodik ist die Wirtschaftstheorie, und ihr Grundpostulat ist, dass der Mensch ein Nutzenmaximierer, egoistisch und rational ist.

Tullock, Seldon und Brady (2002) bezeichnen die Public-Choice-Theorie als die wissenschaftliche Analyse des Verhaltens der Regierung und insbesondere des Verhaltens des Einzelnen gegenüber der Regierung, ohne politische Auswirkungen, mit Ausnahme von Fällen, in denen eine bestimmte Politik als unmöglich oder äußerst unerwünscht angesehen wird, um die festgelegten politischen Ziele zu erreichen.

Nach Buchanan (2003) ist Public Choice "Politik ohne Romantik", ein Konzept, das die

Vorstellung entmystifiziert, dass die Regierenden immer das Wohl der Gemeinschaft anstreben, und zu dem Schluss kommt, dass die öffentlichen Verwalter nicht bereit sind, das öffentliche Interesse zu maximieren, sondern vielmehr ihre eigenen Interessen zu verfolgen. Formaini (2005) definiert die Public-Choice-Theorie als eine Theorie, die mit dem gesunden Menschenverstand verbunden ist und davon ausgeht, dass Regierungen Gruppen und Menschen sind, die durch eine Art Egoismus, der Individuen in der privaten Sphäre motiviert, interagieren, mit der Vorstellung, dass die Regierung ein Prozess der Entscheidungsfindung unter Berücksichtigung der sozialen Probleme der Gemeinschaft ist.

Daher kann man sagen, dass sich diese Theorie auf das Verhalten von Individuen in ihrer Rolle als Wähler bezieht, basierend auf der Tatsache, dass individuelle Präferenzen mit kollektiven Entscheidungen verbunden sind. Die Entscheidungen der Machthaber sind also das Ergebnis von Entscheidungen, die durch individuelle Präferenzen angeregt werden und im Rahmen bestimmter Regeln und kollektiver Entscheidungsverfahren getroffen werden, die auf die Maximierung des individuellen Nutzens ausgerichtet sind.

2.3 E-GOVERNANCE IN DER ÖFFENTLICHEN VERWALTUNG

Bevor auf E-Governance eingegangen wird, ist es notwendig, eine Einführung in die Informations- und Kommunikationstechnologien zu geben, die die Grundlage für die Schaffung und Entwicklung von E-Governance bilden.

2.3.1 Informations- und Kommunikationstechnologien

Mitte der 1990er Jahre traten viele Länder in das Informationszeitalter ein, indem sie neue technologische Ideen aufgriffen, die zur Neuerfindung von Regierungsaufgaben genutzt werden konnten (RUELAS; ARÁMBURO, 2006, S. 1).

Diese technologischen Ideen können als die Nutzung von Informations- und Kommunikationstechnologien (IKT), insbesondere des Internets, verstanden werden, deren Ziel es ist, die Art und Weise zu verändern, wie Individuen miteinander und mit der Gesellschaft als Ganzes interagieren, und die Art und Weise, wie die Gesellschaft ihren Bewohnern Raum für die Interaktion miteinander bietet. Neue Kommunikationsformen sind verfügbar geworden, die schneller und effektiver sind und jeden Einzelnen in der Gesellschaft erreichen können. Theoretisch kann jeder, der Zugang zu Informations- und Kommunikationstechnologien hat, Informationen über sich selbst und andere erhalten. Die Erschließung dieser Kanäle spielt in den Entwicklungsländern eine wichtige

20

Rolle, da sie ihren Nutzern einen nahezu unbegrenzten Zugang zu Informationen in Datenbanken und entfernten Wissensquellen ermöglichen (NATH, 2003, S. 1).

Die Idee hinter dem Einsatz von IKT ist, über die passive Bereitstellung von Informationen hinauszugehen und die Bürger aktiv in den Entscheidungsprozess einzubeziehen (UNESCO, 2005). Bardill (2000, S. 113) merkt an, dass während der Reform der öffentlichen Dienste Südafrikas einer der wichtigsten Punkte, die hervorgehoben wurden, die entscheidende Rolle des Informationsmanagements, der Systeme und der Technologie war, die für den Prozess der Reform und Konsolidierung der öffentlichen Dienste von grundlegender Bedeutung war, und zwar nicht nur als wichtige Unterstützungsfunktion, sondern als integraler Bestandteil einer besseren Form der Verwaltung und der Erbringung von Dienstleistungen.

Das Informationszeitalter in Form der IKT hat das Gesicht des Regierens sichtbar verändert, da sie auf nachhaltige Weise zur Erleichterung der Regierungsarbeit und zur Einbeziehung der Zivilgesellschaft eingesetzt werden können, wobei die Herausforderung darin besteht, die Effizienz zu verbessern und für mehr Transparenz und eine höhere Qualität der Dienstleistungen zu sorgen (MIMICOPOULOS *et al.*, 2007, S. 7-8).

Darüber hinaus wird die Informationstechnologie allgemein als schnelles, zuverlässiges, erschwingliches und wirksames Instrument für die Erbringung staatlicher Dienstleistungen anerkannt (KARWAL

et al., 2005, S. 130), d.h. die Nutzung der neuen IKT wird als Schlüssel zu einer effektiveren, effizienteren, qualitativ besseren und demokratischeren Verwaltung angesehen (RUELAS; ARÁMBURO, 2006, S. 1).

Die Weltbank (2007) fügt hinzu, dass IKT dazu dienen können, die Erbringung öffentlicher Dienstleistungen, die Interaktion mit Unternehmen und Industrie zu verbessern, die Bürger durch den Zugang zu Informationen zu befähigen und die Verwaltung effizienter zu gestalten. Dies kann zu weniger Korruption, mehr Transparenz, größerem Komfort, höheren Einnahmen und/oder Kostensenkungen führen.

Die hier diskutierten IKT beschränken sich auf die Nutzung des Internets, das eine wesentliche Rolle bei der Verbreitung von Informationen und dem Angebot von Dienstleistungen für die Bevölkerung spielt. Viele staatliche Stellen verfügen über *Websites*, die Informationen über die Politik, Projekte und Maßnahmen der Regierung liefern und den Bürgern eine Reihe von

21

Dienstleistungen anbieten (PIERANTI *et al.*, 2007, S. 11).

Auf diese Weise ist das Internet ein Instrument, das eine gute Regierungsführung begünstigt, indem es die Transparenz und Effizienz erhöht und kundenorientierte Dienstleistungen anbietet, aber im Allgemeinen funktioniert es noch nicht als wirksames Mittel zur Erleichterung der Konsultation der Bürger, der politischen Diskussion oder anderer demokratischer Maßnahmen für den politischen Entscheidungsprozess. Die Technologie verhält sich wie ein Vermittler innerhalb der bestehenden sozialen und politischen Strukturen (TORRES *et al.*, 2006, S. 300).

2.3.1 Elektronische Verwaltung

Mit dem Aufkommen der IKT scheint E-Governance ein aufkommender Trend zu sein, die Art und Weise, wie die Verwaltung arbeitet, neu zu erfinden, insbesondere bei der Bereitstellung öffentlicher Dienstleistungen und der *Online-Beteiligung* der Bürger an der Verwaltung.

Für Panzardi *et al.* (2002, S. 7) ist die Einführung von E-Governance ein Weg, um sicherzustellen, dass die Bürgerinnen und Bürger das gleiche Recht haben, an den Entscheidungsprozessen teilzunehmen, die sie direkt oder indirekt betreffen, und diese so zu beeinflussen, dass ihre Lebensbedingungen und ihre Lebensqualität verbessert werden. Die neue Form des Regierens wird sicherstellen, dass die Bürger keine passiven Konsumenten der angebotenen Dienstleistungen sind, und ihnen helfen, eine entscheidende Rolle bei der Wahl der Art der Dienstleistungen sowie der Struktur zu spielen, die sie am besten bereitstellen können (NATH, 2003, S. 5).

E-Governance steht im Kontext des Wandels der Informationsgesellschaft, in der die IKT einerseits eine effizientere Erbringung öffentlicher Dienstleistungen ermöglichen und andererseits die Fähigkeit des Staates erhöhen, öffentliche Informationen für die verschiedenen Zielgruppen bereitzustellen, die diese benötigen.

Die Anwendung der IKT für eine bessere Verwaltung wird als elektronische Verwaltung oder E-Governance bezeichnet, deren Hauptaugenmerk darauf liegt, die Möglichkeiten der neuen IKT für ein breites Spektrum von Verwaltungsfunktionen zu nutzen, um eine bessere soziale Leistung zu erzielen (SILVA; CORREA, 2006, S. 2).

Für Okot-Uma (2001) ist E-Governance ein neu aufkommendes Konzept und eine Praxis, mit der Regierungen versuchen, Prozesse und Strukturen zu verwirklichen, um das Potenzial der IKT auf verschiedenen Verwaltungsebenen und sogar über den öffentlichen Sektor hinaus zu nutzen, mit dem Ziel, eine gute Regierungsführung zu erreichen.

E-Governance erfordert verschiedene Elemente guter Regierungsführung wie Transparenz, *Rechenschaftspflicht,* Partizipation, soziale Integration, Reform der öffentlichen Finanzverwaltung und Entwicklung, einschließlich eines breiten Spektrums von Dienstleistungen für fast alle Bereiche der Gesellschaft, aber die häufigsten Anwendungsbereiche von E-Governance sind: Bildung, Verkehr, Landwirtschaft, Steuern und Einnahmen, Rechtsdurchsetzung, elektronischer Handel und Unternehmensregulierung (PAUL, 2007, S. 177).

In der aktuellen Literatur sind verschiedene Konzeptualisierungen von E-Governance zu finden (GHOSH; ARORA, 2005; COUNCIL OF EUROPE, 2007), weshalb die Konzeptualisierung, die Aspekte der Beziehungen zwischen den Bürgern und der Gemeinde umfasst, behandelt wird.

In diesem Sinne umfasst das hier verwendete Konzept der E-Governance die Nutzung elektronischer Technologien in den von Knezevic (2007, S. 7) genannten Bereichen des öffentlichen Handelns: die Beziehungen zwischen Behörden und Zivilgesellschaft, das Funktionieren der Behörden in allen Phasen des demokratischen Prozesses (E-Demokratie) und die Bereitstellung öffentlicher Dienstleistungen (E-Public Services).

Einfach ausgedrückt, kann E-Governance wie folgt verstanden werden: - Den Bürgern die Möglichkeit geben, selbst zu entscheiden, wann und wo sie Zugang zu staatlichen Informationen und Dienstleistungen haben (PANZARDI *et al.,* 2002, S. 7; BUDHIRAJA, 2003, S. 1); - Die Bereitstellung von staatlichen Dienstleistungen und Informationen für die Öffentlichkeit mit elektronischen Mitteln ermöglichen (PANZARDI *et al.,* 2002, S. 7; ODENDAAL, 2003, S. 586; GHOSH; ARORA, 2005, S. 52; REZENDE; FREY, 2005, S. 55); - Ermöglichung von Beziehungen zu ihren Regierungen, die Aspekte der Bürgerkommunikation, der Politikentwicklung und der demokratischen Willensbekundung umfassen (PANZARDI *et al.,* 2002, S. 7; MARCHE; MCNIVEN, 2003, S. 75; TRIPATHI, 2007, S. 194); - ein Mittel zur Beteiligung am sozialen Wandel sein (THOMAS, 2009, S. 24).

Zusammenfassend lässt sich sagen, dass E-Governance als die Ausübung der Regierungsgewalt mit Hilfe elektronischer Mittel verstanden werden kann, um einen effizienten, schnellen und transparenten Prozess der Informationsverbreitung und der Durchführung staatlicher Verwaltungstätigkeiten zu erleichtern. Sie kann auch neue Konzepte der Bürgerschaft im Hinblick auf die Bedürfnisse und Verantwortlichkeiten der Bürger mit sich bringen; sie beinhaltet auch neue Führungsstile, neue Wege der Diskussion und Entscheidung über politische Maßnahmen und Investitionen, Zugang zu Bildung, Anhörung der Bürger und Organisation und Bereitstellung von Informationen und Dienstleistungen (UNESCO, 2005; 2007).

2.3.1.1 E-Governance oder E-Government?

In der Literatur wird das Konzept der E-Governance kontrovers diskutiert, da einige Autoren Governance als Bestandteil von E-Government betrachten (siehe z.b. FANG, 2002; PANZORDI et al., 2002; SAIDI; YARED, 2002; CHAHIN, 2004). Wir übernehmen hier jedoch die Perspektive, die in dem von der UNESCO (2005; 2007) dargelegten Verständnis zusammengefasst ist, denn es wird davon ausgegangen, dass elektronisches Regieren oder E-Government die Art und Weise ist, in der Institutionen die IKT nutzen, um das Angebot an staatlichen Dienstleistungen zu erhöhen (OKOT-UMA, 2000), während E-Governance die Politiken, Strategien, Visionen und Ressourcen umfasst, die erforderlich sind, um elektronisches Regieren effektiv zu machen, sowie die Organisation der politischen und sozialen Macht, um es zu nutzen (RILEY, 2003).

E-Governance wird im Allgemeinen als ein umfassenderes Konzept als E-Government angesehen, da es zu einer Veränderung der Art und Weise führen kann, wie Regierungen und Bürger miteinander umgehen (UNESCO, 2005). Während E-Government die Bereitstellung von Regierungsinformationen und -dienstleistungen auf elektronischem Wege beinhaltet, ermöglicht E-Governance die direkte Beteiligung der Wähler an der Verwaltung von Aktivitäten.

Diese Kontroverse findet zu einem Zeitpunkt statt, zu dem das Wachstum der IKT eine neue Phase in der Entwicklung des Wirtschaftskreislaufs im privaten Sektor in Form des E-Business eingeleitet hat, und es ist nicht überraschend, dass die Regierungen begonnen haben, auf diese Veränderungen mit ihrer eigenen Form des E-Business zu reagieren, die allgemein als E-Government bezeichnet wird (CHOUDRIE et al., 2004, S. 111). Die ersten E-Government-Initiativen fanden Mitte der 1990er Jahre statt und konzentrierten sich auf die Erstellung und Verbreitung von Informationen über das Internet, was zu einer großen Anzahl von Regierungswebsites mit statischen Informationen führte (OECD, 2005, S. 11), und erst Anfang der 2000er Jahre begann man, über elektronische Verwaltung zu diskutieren.

Laut UNESCO (2005 und 2007) und Cunha et al. (2006, S. 4) hat die Notwendigkeit, umfassendere Konzepte zu entwickeln, dazu geführt, dass in jüngerer Zeit der Begriff "E-

Governance" für die Anwendung von Informations- und Kommunikationstechnologien in der öffentlichen Verwaltung verwendet wird, wobei er in die Bereiche elektronische Verwaltung oder E-Administration, elektronische Dienstleistungen oder E-Services und elektronische Demokratie oder E-Democracy unterteilt wird.

In dieser Dissertation wird E-Governance als die Bereiche oder Dimensionen von E-Government und E-Democracy betrachtet, wie in Abbildung 1 dargestellt.

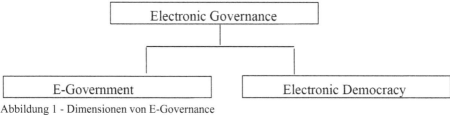

Abbildung 1 - Dimensionen von E-Governance
Quelle: Mello (2009)

Die Auffassung, dass E-Governance E-Government und E-Demokratie umfasst (Abbildung 2), hat viele Befürworter gefunden, z. B.: Holzer und Kim, 2005; Knezevic, 2007; Mimicopoulos et al., 2007; Paul, 2007. Andere Autoren sind der Ansicht, dass E-Governance auch E-Demokratie, E-Services und E-Administration umfasst (GROSH et al., 2004; UNESCO, 2005; 2007; KNIGHT; FERNANDES, 2006; CUNHA et al., 2006), und es gibt auch Autoren, die zusätzlich zu E-Government und E-Demokratie auch E-Business einbeziehen (OKOT-UMA, 2000; 2005).

Für Holzer und Kim (2005) und Mimicopoulos et al. (2007) besteht E-Government jedoch aus E-Administration und E-Services, und für Choudrie et al. (2004) sind E-Services ein Synonym für E-Business. Daher kommen alle zitierten Autoren zu demselben Verständnis, d. h. E-Governance umfasst E-Government und E-Democracy (Abbildung 2).

Es ist daher wichtig, im Folgenden das Konzept und einige Merkmale von E-Government und E-Demokratie zu erörtern.

2.3.2.2 Elektronische Behördendienste

E-Government als weltweite Bewegung begann nach der Einführung von Mosaic, dem ersten Browser, der ein einfaches Surfen im Internet ermöglichte, im August 1993 durch eine Gruppe von Studenten an der Universität von Illinois in den Vereinigten Staaten. Formalisiert wurde die

Bewegung im Januar 1999, als AL Gore, der damalige US-Vizepräsident, in Washington das erste Globale Forum zur Neuerfindung der Regierung eröffnete (CHAHIN et al., 2004, S. 15).

Laut Lofstedt (2005, S. 39) haben Regierungen auf allen Ebenen seit Ende der 1990er Jahre E-Government-Projekte ins Leben gerufen, um Bürgern und Unternehmen elektronische Informationen und Dienstleistungen zur Verfügung zu stellen. Da es sich um ein historisch junges Phänomen handelt, das das Ergebnis eines Prozesses der Erprobung ist, der sich in verschiedenen Teilen der Welt ausgebreitet hat, hat es viele Gesichter. Es handelt sich um eine Konstruktion, die untrennbar mit einem Prozess verbunden ist, der mit der Neugestaltung der Informationsgeopolitik im Rahmen der Globalisierung zusammenhängt (JARDIM, 2007, S. 29).

Im Folgenden wird eine konzeptionelle Zusammenfassung des E-Government gegeben und sein Zweck, seine Bedeutung, sein Nutzen und seine Herausforderungen im Umfeld der öffentlichen Verwaltung aufgezeigt:

Tabelle 1 - Konzeptionelle Zusammenfassung von E-Government

a) Zum Konzept: Es gibt keine allgemein akzeptierte Definition von E-Government (HALCHIN, 2004, S. 407), aber für Georgescu (2008, S. 2) ist die gebräuchlichste Definition von E-Government die Nutzung digitaler Technologien zur Umgestaltung von Regierungsabläufen, um die Effektivität, Effizienz und Bereitstellung von Dienstleistungen zu verbessern.
E-Government umfasst die Nutzung von IKT, insbesondere des Internets, zur Bereitstellung öffentlicher Informationen (SEALY, 2003; FERRER; BORGES, 2004; GEORGESCU, 2008; LAU et al., 2008), zur Erbringung von Dienstleistungen für die Gesellschaft und die Regierung selbst (OKOT-UMA, 2000; FOUNTAIN, 2003; FERRER; BORGES, 2004; MAGALHÃES, 2007; GEORGESCU, 2008; LAU et al, 2008; MAUMBE et al., 2008), zur Verbesserung interner Prozesse (MAUMBE et al., 2008), zur Integration von Interaktionen und Beziehungen zwischen Regierung und Gesellschaft (GHOSH; ARORA, 2005), die es der Gesellschaft ermöglichen, 24 Stunden am Tag und sieben Tage die Woche zu interagieren und Dienstleistungen zu erhalten (GEORGESCU, 2008).
Unter E-Government versteht man die Fähigkeit, den Bürgern mit Hilfe der IKT auf integrierte Weise Dienstleistungen zur Verfügung zu stellen und gleichzeitig die Verwaltungsprozesse zu dynamisieren, um Integration, Transparenz, Regierbarkeit und Demokratie zu erreichen (GARCIA, 2006, S. 81).
Kurz gesagt ist E-Government ein Konzept, das auf IKT (insbesondere das Internet) basierende

Aktivitäten umfasst, die der Staat durchführt, um die den Bürgern angebotenen Dienstleistungen zu verbessern, zu optimieren, bereitzustellen und transparenter zu gestalten, die Bürgerbeteiligung zu erhöhen, die internen und externen Beziehungen umzugestalten und so die Effizienz der Verwaltung zu steigern (RUELAS; ARÁMBURO, 2006, S. 3).

Es sei darauf hingewiesen, dass sich E-Government aus E-Administration und E-Services zusammensetzt (wie im vorangegangenen Abschnitt beschrieben), wobei E-Administration die Nutzung von IKT zur Schaffung von Datenspeichern für Managementinformationssysteme und zur Informatisierung von Aufzeichnungen und E-Services die Online-Bereitstellung von öffentlichen Dienstleistungen bedeutet.

b) Zu den Zielen: Nach Rüdiger (2002, S. 1) und Cunha et al. (2006, S. 1) besteht das Ziel von E-Government in der Förderung guter Verwaltungspraktiken. Folglich zielt die Entwicklung von E-Government darauf ab, die Universalisierung (Ausweitung auf alle Bürger) des Zugangs zu öffentlichen Dienstleistungen, die Integration von Systemen, Netzwerken und Daten innerhalb der öffentlichen Verwaltung und die Verbreitung von Informationen an die Gesellschaft über das Internet zu fördern (PANZARDI et al., 2002, S. 14).

Darüber hinaus ist eine wesentliche Funktion von E-Government der Zugang zu und der Austausch von Informationen (JAEGER, 2005, S. 703), die Umstrukturierung von Verwaltungsfunktionen und -prozessen, die Überwindung von Hindernissen für die Koordinierung und Zusammenarbeit innerhalb der öffentlichen Verwaltung, die Überwachung der Regierungsleistung und die Verbesserung der Beziehungen zwischen Regierungen und Bürgern (CIBORRA; NAVARRA, 2005, S. 144).

c) In Bezug auf die Bedeutung: E-Government kann, wenn es effizient durchgeführt wird, ein wichtiges Instrument für tiefgreifende institutionelle Reformen, für eine größere Effizienz bei der Bereitstellung von Gütern und Dienstleistungen des öffentlichen Sektors und bei der öffentlichen Auftragsvergabe sein; darüber hinaus ist es ein wichtiges Instrument für die Verwirklichung einer guten Regierungsführung, da es, begleitet von Investitionen in IKT, eine wichtige Quelle für Produktivität und Wirtschaftswachstum sowie für die wirtschaftliche und demokratische Entwicklung der Region sein kann (SAIDI; YARED, 2002, S. 2).

Darüber hinaus kann sie die demokratischen Institutionen stärken, weil sie die soziale Kontrolle erleichtert (CHAHIN et al., 2004, S. XVII; FERNANDES, 2004, S. 103), sie stellt die Möglichkeit dar, sich weiterzuentwickeln und der Gesellschaft den Informationsbestand, über den der Staat verfügt, zurückzugeben (CHAHIN et al., 2004, S. 55), und sie kann die öffentliche Verwaltung umgestalten, indem sie ihre Organisation, ihre Dienstleistungen und ihre Beziehungen zur Gesellschaft wesentlich verbessert (KNIGHT; FERNANDES, 2006, S. 16).

d) Zu den Vorteilen: Die potenziellen Vorteile von E-Government sind so wichtig und vielfältig

27

wie die Bedeutung der Regierung im Leben der Menschen, Bürger und Unternehmen (SAIDI; YARED, 2002, S. 6).

Nach (Ibid., S. 9-10) sind die Maßnahmen und Auswirkungen von E-Government-Initiativen:

- im Bereich der Verwaltung: Aktivitäten wie die elektronische Beschaffung, Online-Bewilligungen und -Lizenzen wirken sich auf die Kostensenkung, die bessere Verwaltung der Ressourcen und die Verbesserung der Dienstleistungen aus;

- im Bereich der Wirtschaft: Maßnahmen zur Förderung der IKT, des Wettbewerbs zwischen Internetanbietern und zur Senkung der Kommunikationskosten, zur Förderung ausländischer Investitionen, zur Stärkung der lokalen Informationstechnologiebranche, zur Verbesserung der Verfahren und zur Senkung der Steuern;

- im sozialen Bereich: Aktivitäten zur Unterstützung des Fernunterrichts, zur Erweiterung des Wissens, zur Befähigung der Landwirte durch Informationen und Dienstleistungen in Kiosken und zur Bewertung kostenloser Internetkurse, zur Verbesserung der Bildung, zur Höherqualifizierung der Menschen und zur Stärkung der Frauen;

- im politischen Bereich: Aktivitäten wie E-Partizipation, bürgernahe Regierung und gemeinsame Entscheidungsfindung mit der Regierung, Reformen im Bereich der Demokratisierung, Stärkung der Rechenschaftspflicht, Beschleunigung der Entscheidungsfindung, Verbesserung der Qualität der Entscheidungsfindung, Erhöhung der Transparenz, Forderung nach mehr Ausbildung; Stärkung der Kapazitäten zur Untersuchung, Entwicklung und Umsetzung von Strategien und Maßnahmen sowie zur Verringerung der Korruption.

e) Zu den Herausforderungen: E-Government kann zwar den Wandel erleichtern und neue und effizientere Verwaltungsabläufe schaffen, wird aber weder alle Probleme der Korruption und Ineffizienz lösen noch alle Hindernisse für die Bürgerbeteiligung überwinden (GEORGESCU, 2008, S. 2). Darüber hinaus kann die Fähigkeit der IKT, Entwicklungsziele zu erreichen, nur dann effektiv genutzt werden, wenn die Inhalte den Bedürfnissen der Nutzer und den lokalen Gegebenheiten entsprechen, z. B. in Bezug auf die Komplexität der Nutzung, die Sicherheit, die Vertraulichkeit und die Zugänglichkeit für die Nutzer (GHAPANCHI, 2007, S. 81).

Eine weitere Herausforderung besteht darin, dass die Regierung zwar den Anschein einer wohlwollenden Organisation erweckt, dies aber nicht der Fall ist, so dass Regierungen oder Teile von ihnen Informationen zum Schaden der Bürger verwenden könnten. Die Bürger müssen sich darauf verlassen können, dass ihre Informationen von einer Regierung ihrer Wahl in einem äußerst sicheren Umfeld behandelt werden. Darüber hinaus müssen die Bürger sicher sein, dass die Informationen nicht zensiert oder manipuliert werden (EVANS; YEN, 2006, S. 212).

Die Herausforderung besteht darin, die Qualität und die Leistungsfähigkeit des Angebots an relevanten Dienstleistungen für die Bürger über das Internet weiterzuentwickeln, damit sie in der Lage sind, vollständige Transaktionen durchzuführen (CHAHIN et al., 2004, S. 54).

2.3.2.3 Elektronische Demokratie

In der Literatur lassen sich verschiedene Begriffe finden, die mit dem Konzept der elektronischen Demokratie in Zusammenhang stehen, z. B. E-Demokratie, digitale Demokratie, Cyberdemokratie, Online-Demokratie oder sogar virtuelle Demokratie, aber es wird davon ausgegangen, dass alle diese Begriffe synonym sind. Daher ist eine konkrete Definition unerlässlich, um den täglichen Vertreter der Demokratie im Informationszeitalter zu unterstützen und anzupassen.

Nach Okot-Uma (2000, S. 6) bezieht sich E-Demokratie im Allgemeinen auf Prozesse und Strukturen, die alle Formen der elektronischen Kommunikation zwischen Regierung und Bürger oder, in einer engeren Perspektive, zwischen Wählern und gewählten Vertretern umfassen. Lofstedt (2005, S. 45) erweitert die Diskussion, indem er sagt, dass E-Demokratie sich auf den Einsatz von IKT zur Unterstützung des demokratischen Entscheidungsprozesses konzentriert und ein effektiveres und transparenteres Engagement zwischen Regierung, Unternehmen und Bürgern ermöglicht.

Unter E-Demokratie versteht man die Nutzung von IKT-Ressourcen, um den Grad und die Qualität der öffentlichen Beteiligung an der Regierung zu erhöhen.

In diesem Zusammenhang stellen Soares Jr. und Santos (2007, S. 4) klar, dass Kritiker der politischen Partizipation im demokratischen Regime, Akademiker und andere Mitglieder der Zivilgesellschaft das zivilgesellschaftliche Potenzial elektronischer Technologien bereits seit den 1960er Jahren erforscht haben. Es ist jedoch wichtig festzuhalten, dass die hier diskutierte E-Governance mit der Popularisierung des Internets und der Akzeptanz von E-Government, d. h. in den frühen 2000er Jahren, zu diskutieren begann.

Heute gibt es eine Vielzahl von Vorschlägen für Modelle der E-Demokratie. Nach Soares Jr. und Santos (2007, S. 4) können in der Literatur vier Modelle hervorgehoben werden:

- populistisch: Ermöglicht es den Bürgern, ihre Meinung zu aktuellen Themen durch Online-Debatten zwischen Wählern und Machthabern kundzutun, und wird oft mit der direkten Demokratie verglichen;

- Zivilgesellschaft: bezieht sich auf die Umgestaltung der politischen Kultur und zielt darauf ab, die Verbindungen zwischen den Bürgern zu stärken und einen robusten und autonomen Raum für öffentliche Debatten zu fördern, was einen tiefgreifenden Prozess des kulturellen Wandels beinhaltet, der durch die IKT ermöglicht wird und in der heutigen Informationsgesellschaft präsent ist;

-Informationsmanagement: Ziel ist eine effizientere Kommunikation zwischen Bürgern und Entscheidungsträgern, wobei die Verfügbarkeit und der leichte Zugang zu öffentlichen Rechnungsabschlüssen und anderen Veröffentlichungen der Regierung zu einer besser informierten Bürgerschaft führen kann;

-elektronische Bürokratie: bezieht sich auf die Verbreitung von Informationen und die Bereitstellung von Behördendiensten über das Internet. Ziel ist es, die staatlichen Transaktionen zugunsten der Gesellschaft zu optimieren, was zu einer allmählichen Verkleinerung des öffentlichen Sektors führt, da sich die Nutzer schließlich intuitiv für die elektronische Bürokratie entscheiden, bei der neue Technologien die Interaktion zwischen dem Einzelnen und der öffentlichen Verwaltung erleichtern.

Es ist möglich, eine gewisse Annäherung zwischen den populistischen und zivilgesellschaftlichen Modellen als typisch für die E-Demokratie und den Modellen des Informationsmanagements und der elektronischen Bürokratie als Teil des Konzepts des E-Government zu sehen. Obwohl die vier vorgestellten Modelle ihre eigenen Besonderheiten und unterschiedlichen Anwendungen haben, scheinen die Modelle des Informationsmanagements und der elektronischen Bürokratie in direktem Zusammenhang mit der Integration und der Entscheidungsunterstützung bei staatlichen Maßnahmen zu stehen (SOARES Jr.; SANTOS, 2007).

Es folgt eine konzeptionelle Zusammenfassung der E-Demokratie mit einer Darstellung ihres Zwecks, ihrer Bedeutung, ihres Nutzens und ihrer Herausforderungen im Umfeld der öffentlichen Verwaltung:

Tabelle 2 - Konzeptuelle Zusammenfassung der E-Demokratie

a) Zum Ziel: Es geht darum, die Bürgerinnen und Bürger auf flexible Weise bei der Teilnahme am öffentlichen Leben durch Informationstechnologie zu unterstützen (MOON, 2002, S. 425; CABRI et al., 2005, S. 87; RUELAS; ARÁMBURO, 2006, S. 9). Zu diesen Initiativen können Foren, Versammlungen, Konsultationen, Volksabstimmungen, Abstimmungen, Regelentscheidungen und jede andere Form der elektronischen Beteiligung gehören.
Soares Jr. und Santos (2007, S. 3) fügen hinzu, dass die E-Demokratie auch darauf abzielt, den Bürgern den Zugang zu Informationen und Wissen der Regierung zu ermöglichen

über verfügbare Dienstleistungen, Maßnahmen und Ressourcen und ermöglichen den Übergang von einem eher passiven Modell der Informationsbeschaffung zu einem aktiveren Modell der Beteiligung, das verschiedene Formen der Vertretung und der Beteiligung der Bevölkerung umfasst.

b) In Bezug auf die Bedeutung: E-Demokratie ist ein wichtiger und bedeutender Bereich, da sie den Bürgern die Möglichkeit bietet, am demokratischen Prozess teilzunehmen. Um ihren Erfolg zu gewährleisten, müssen daher Modelle, Methoden und Theorien entwickelt und ein bürgernaher Ansatz gewählt werden (LOFSTEDT, 2005, S. 45).

Dies ist gerechtfertigt, weil besser informierte Bürger ihre Rechte besser wahrnehmen, ihre Aufgaben erfüllen, ihre Verantwortung wahrnehmen und ihre Beziehungen definieren können; und die Bürger als Verbraucher erwarten, dass sie in den Prozess der Festlegung von Dienstleistungen, die ihren Bedürfnissen entsprechen, einbezogen werden und bessere Dienstleistungen von der Regierung erhalten (OKOT-UMA, 2000, S. 7).

c) Zu den Vorteilen: Der Hauptnutzen der E-Demokratie besteht in der Stärkung der Demokratie selbst, da sie allen Teilen der Gesellschaft die Teilnahme an der Regierung ermöglicht. Sie konzentriert sich auch auf die Verbesserung von Transparenz, Rechenschaftspflicht und Beteiligung (MIMICOPOULOS et al., 2007, S. 8). Sie impliziert eine stärkere und aktivere Beteiligung der Bürger am Entscheidungsprozess (OKOT-UMA, 2000; UNESCO, 2007).

Darüber hinaus können die IKT nach Ansicht von Saidi und Yared (2002, S. 23) zur politischen Befähigung von Minderheiten beitragen, die Beteiligung am politischen Prozess verstärken, die Leistung und Rechenschaftspflicht gewählter Amtsträger verbessern, den Zugang zur Regierung, zu Dienstleistungen und zur Verbreitung von Wissen verbessern.

d) in Bezug auf die Herausforderungen: Die Regierungen sollten den Bürgern Zugang zu Informationen und Wissen über den politischen Prozess, über die verfügbaren Dienstleistungen, Wahlmöglichkeiten und Optionen verschaffen. Die Herausforderung besteht darin, den Übergang vom passiven Zugang zu Informationen zur aktiven Beteiligung der Bürger zu ermöglichen, sie zu informieren, sie zu vertreten, sie zur Stimmabgabe zu ermutigen, sie zu konsultieren und sie schließlich aktiv zu beteiligen (SAIDI; YARED, 2002, S. 23).

Neben der technologischen Machbarkeit, die für ihre Verbreitung erforderlich ist, gibt es weitere Herausforderungen bei der Umsetzung und Aufrechterhaltung der E-Demokratie. Nach Soares Jr. und Santos (2007, S. 3) sind dies folgende Faktoren:

- die Fähigkeit, mit politischen Interessen in den derzeitigen Systemen umzugehen;

- die Schaffung einer staatsbürgerlichen Bildung, die die Bürger befähigt und motiviert, die Instrumente der E-Demokratie zu nutzen;

- Stärkung der Institutionen, um ein Gegengewicht zu schaffen und die Gefahren auszugleichen, die mit der Entscheidungsfindung durch Massenreferendum oder direkte Beteiligung verbunden sind.

Wenn wir also die Merkmale von E-Government und E-Demokratie kennen, können wir diese

Merkmale erweitern, indem wir die Rolle von E-Governance diskutieren.

2.3.3 Die Rolle der E-Governance

Auf der Grundlage des von der UNESCO (2005) vorgeschlagenen Konzepts besteht das Hauptziel der Anwendung von E-Governance in der Verbesserung der guten Regierungsführung, da die jüngsten Fortschritte in den Informations- und Kommunikationstechnologien, insbesondere das Internet, die Möglichkeit bieten, die Beziehungen zwischen Regierungen und Bürgern auf eine neue Art und Weise zu gestalten und so zur Verwirklichung der Ziele der guten Regierungsführung beizutragen. Der Einsatz von IKT kann die Beteiligung der Bürger am Regierungsprozess auf allen Ebenen verstärken, die Regierung in das Bestreben einbeziehen, zeitlich bessere Dienstleistungen zu erbringen, die Regierungsführung effizienter und effektiver zu machen, mit der Möglichkeit geringerer Transaktionskosten und besser zugänglicher öffentlicher Dienstleistungen.

In Zukunft könnte E-Governance neue Konzepte der Bürgerschaft im Hinblick auf die Bedürfnisse und Verantwortlichkeiten der Bürger hervorbringen. Ihr Ziel ist es, die Bürger zu entwickeln, zu befähigen und zu ermächtigen (UNESCO, 2005), aber damit dies geschieht, reicht es laut Waisanen (2002, S. 7) und Rezende und Frey (2005, S. 56) nicht aus, nur die Technologie zu managen, sondern auch den organisatorischen Wandel.

In diesem Zusammenhang bringt E-Governance praktische Aspekte in die Organisationsstudien ein, fördert die Interaktion innerhalb und zwischen den Regierungen und versucht, die internen Prozesse zu optimieren und den öffentlichen Verwaltern IKT-Unterstützung zu bieten, wodurch die Formulierung einer effizienteren, wirksameren, nachhaltigeren, transparenteren, gerechteren und institutionell artikulierten öffentlichen Politik gefördert wird (SOARES Jr.; SANTOS, 2007, S. 12).

Es ist wichtig festzustellen, dass die Umsetzung und Verbesserung der E-Governance mit Herausforderungen wie organisatorischen Fragen konfrontiert ist (GOMES, 2004; GHOSH; ARORA,

2005); rechtliche Fragen und die Neudefinition von Regeln und Verfahren; die Infrastruktur, denn wenn sie unzureichend ist, kann sie ein großes Hindernis für die Integration geografisch verstreuter Standorte darstellen; die Zusammenarbeit zwischen den Abteilungen, ohne die E-Governance nicht erfolgreich sein kann; die Tendenz, sich dem Wandel der Arbeitskultur zu widersetzen; Datenschutz und Sicherheit; Transparenz und Zugang zu den richtigen Informationen (GHOSH; ARORA, 2005,

S. 53). Darüber hinaus werden die Kriterien der Zugänglichkeit, der Qualität und des Schutzes der Privatsphäre ebenfalls als Herausforderungen betrachtet, die durch E-Governance bewältigt werden müssen (CHOUDRIE et al., 2004, S. 111).

So erklärt Budhiraja (2003, S. 1), dass mit der Verfügbarkeit der Technologien für die Umsetzung von E-Governance die Managementfragen offensichtlicher und grundlegender werden, da es notwendig ist, die Mentalität der Menschen zu ändern, insbesondere auf der Ebene der Leiter der Bürokratie und der politischen Entscheidungen.

Die zentrale Herausforderung besteht daher darin, dass die Regierung Veränderungen in ihrer Kultur und Struktur vorantreiben muss, um eine breite Bereitstellung von Informationen, eine Stärkung der Bürgerschaft und eine politische Beteiligung an der Entscheidungsfindung zu ermöglichen (ARAÚJO; GOMES, 2004, S. 8; ARAÚJO; LAIA, 2004, S. 1).

2.4 - E-GOVERNANCE-PRAKTIKEN FÜR DIE GEMEINDEN IN RONDÔNIA.

Nach der Studie von Mello (2009), in den 27 Staaten der Föderation sowie Mello und Slomsky und um das Verständnis zu erleichtern, wird die Struktur der E-Governance-Praktiken in dieser Dissertation behandelt, die den Ansatz von Holzer und Kim (2005), Mello (2009), Mello und Slomski (2010) und Souza, Fábia Jaiany Viana de (2014) berücksichtigt, mit den Praktiken der: "Inhalt", "Dienstleistungen", "Bürgerbeteiligung", "Datenschutz und Sicherheit" und "Benutzerfreundlichkeit und Zugänglichkeit".

An den von Mello und Slomski (2010) vorgeschlagenen Variablen wurden einige Anpassungen vorgenommen, um der Realität der Kommunen Rechnung zu tragen, die sich von derjenigen der Staaten unterscheidet. Zu diesen Änderungen gehören: Änderung der Variablen in Bezug auf die kommunale Gesetzgebung (PCon3, PServ 6), Steuerkompetenz (P Serv9, PServ10, PServ14).

Im Folgenden wird auf jede der fünf Untergruppen von Praktiken eingegangen, die die E-Governance-Struktur der Gemeinden im Bundesstaat Rondônia ausmachen:

2.4.1 Praktiken der elektronischen Verwaltung

Inhaltliche Praxis: Der Inhalt ist ein entscheidender Bestandteil jeder Website, denn es spielt keine Rolle, wie technisch fortschrittlich die Funktionalität der Website ist, wenn der Inhalt nicht aktuell oder die Informationen nicht korrekt sind.

33

Nach Holzer und Kim (2005, S. 30) lassen sich die Praktiken im Zusammenhang mit Inhalten in fünf grundlegende Bereiche unterteilen: Zugang zu Kontaktinformationen, öffentliche Dokumente, Zugangsdefizite, sensible Informationen und Multimedia-Materialien. Es wurde jedoch beschlossen, den Bereich der Zugangsschwierigkeiten nicht in diesem Abschnitt zu behandeln, sondern ihn in die Praktiken der "Benutzerfreundlichkeit und Zugänglichkeit" aufzunehmen.

a) **Kontaktinformationen:** Die Regierung sollte Informationen zur Verfügung stellen, die es den Bürgern und Unternehmen erleichtern, mit ihr in Kontakt zu treten. Dies kann durch eine Liste von Links zu internen und externen Stellen, den Standort von Ämtern, Agenturen, Sektoren usw., Kontaktinformationen mit Öffnungszeiten, Adresse, Namen usw. (HOLZER; KIM, 2005; SCHUELE, 2005) und Informationen über die Agenda des Managers und die Politik der Institution (EISENBERG, 2004) geschehen.

b) **Öffentliche Dokumente**: Nach Knight und Fernandes (2006, S. 20) sollte die Regierung die Freigabe von Informationen aus computergestützten Systemen zur Unterstützung der Verwaltung der öffentlichen Hand für eine kontinuierliche Verbreitung im Internet fördern, indem sie Berichte mit strukturierten Informationen von öffentlichem Interesse erstellt.

Die Offenlegung von Informationen für die Bürger sollte eine kontinuierliche und obligatorische Praxis für alle Einrichtungen der öffentlichen Verwaltung sein und alle Verwaltungseinheiten, Projekte und Aktivitäten abdecken.

Die Regierung muss öffentliche Dokumente so zur Verfügung stellen, dass Bürger und Unternehmen sie auf der Website selbst einsehen oder kopieren/herunterladen können. Die folgenden Praktiken im Zusammenhang mit öffentlichen Dokumenten sollten in Betracht gezogen werden: - Haushaltsinformationen, Rechnungslegungsberichte, Anhänge zu Gesetzen usw. (HOLZER; KIM, 2005; KNIGHT; FERNANDES, 2006) und Informationen über laufende Ausschreibungen, öffentliche Bekanntmachungen usw. (BRAGA, 2007); - Informationen über Positionen, Zuständigkeiten und Gehälter von Beamten (HOLZER; KIM, 2005; BRAGA, 2007); - Informationen über öffentliche Ausschreibungen, öffentliche Bekanntmachungen, Testvorlagen (TORRES et al., 2006; BRAGA, 2007; TRIPATHI, 2007); - Erlaubnis zum Kopieren von Dokumenten (HOLLIDAY, 2002; HOLZER; KIM, 2005); - Korrekte Verweise, keine Tipp-, Rechtschreib- oder Grammatikfehler; Identifizierung des geistigen Eigentums, Identifizierung der Quellen oder der Verantwortlichen, Mittel zur Kontaktaufnahme; Inhalt in klarer Sprache, professioneller Ton, keine Voreingenommenheit im Diskurs und Informationen ohne Werbung (VILELLA, 2003).

34

c) **Sensible Informationen:** Sensible Informationen betreffen das Notfallmanagement, die Nutzung der Website als Warnmechanismus für (natürliche oder vom Menschen verursachte) Probleme, die Veröffentlichung von Stellenangeboten, einen Veranstaltungskalender der Gemeinde (HOLZER; KIM, 2005; TRIPATHI, 2007), eine Bekanntmachung/Informationstafel usw. (NAVARRO et al., 2007).

Die Regierung sollte ihre Websites nutzen, um Informationen zur Verfügung zu stellen, aber es sollte eine angemessene Kommunikationspolitik entwickelt werden, wobei die formale Verantwortung für den Inhalt und die Aktualisierung der Seiten übertragen werden sollte (CHAHIN et al., 2004, S. 68).

Nach Knight und Fernandes (2006, S. 18-19) sollte die Regierung die elektronischen Arbeitsvermittlungsstellen in den Gemeinden entwickeln bzw. ausbauen und verbessern, um den Arbeitsmarkt zu vereinheitlichen, die Transaktionskosten zu senken und die Beschäftigungsmöglichkeiten für die Bürger zu erweitern, indem sie ein Internetportal einrichtet, das die Datenbanken aller Einheiten des nationalen Beschäftigungssystems - SINE - miteinander verbindet. Sicherstellung der Bereitstellung von Informationen über Beschäftigungs- und Ausbildungsmöglichkeiten sowie von Mitteln zur Übermittlung von Lebensläufen und Bewerbungen durch Interessenten.

d) **Multimediales Material:** Die Gemeinde sollte Audio- und Videodateien von öffentlichen Veranstaltungen, Vorträgen, Versammlungen usw. auf ihrer Website zur Verfügung stellen und die Nutzung einiger drahtloser Technologien ermöglichen (HOLZER; KIM, 2005, S. 105).

Dienstleistungen erbringen: Traditionell findet die Interaktion zwischen dem Bürger oder dem Unternehmen und der Regierung in einem Büro der Regierung statt. Mit dem Wachstum des Internets ist es möglich, die Dienstleistungszentren näher an die Nutzer heranzubringen, was bedeuten kann, dass öffentliche Dienstleistungen den Bürgern direkt in ihren Wohnungen zur Verfügung gestellt werden, dass es möglich ist, Produkte und Dienstleistungen schneller und kostengünstiger zu erwerben, und dass große Netzwerke für den Informationsaustausch genutzt werden.

Die Entwicklung, das Wachstum und die Verbesserung der von den elektronischen Behördendiensten angebotenen Dienste sind weitgehend auf die vielfältigen Vorteile für die Regierung, die Bürger und die Unternehmen zurückzuführen. Insbesondere wird die Effizienz durch die Straffung der bürokratischen Verfahren, die Verringerung der Transaktionskosten und die produktive Nutzung der Ressourcen verbessert, es werden schnelle Reaktionen ermöglicht, der Umfang und die Qualität der Dienstleistungen erhöht und die Beziehungen zwischen Bürgern/Unternehmen und der Regierung verbessert (RUELAS; ARÁMBURO, 2006, S. 3).

Nach Holzer und Kim (2005, S. 30) lassen sich Dienstleistungspraktiken in zwei verschiedene Arten unterteilen: Dienstleistungen, die es den Nutzern ermöglichen, mit der Organisation zu interagieren; Dienstleistungen, die es den Nutzern ermöglichen, sich für Veranstaltungen oder Dienstleistungen anzumelden.

a) Dienste, die es den Nutzern ermöglichen, mit der Stadtverwaltung zu interagieren: Praktiken, die eine Interaktion zwischen Bürgern und Unternehmen und der Stadtverwaltung ermöglichen, sind von grundlegender Bedeutung für die Verwaltung, da sie die Möglichkeit bieten, auf Informationen zuzugreifen, Beschwerden oder Vorschläge zu machen. Die Praktiken, die es den Nutzern ermöglichen, mit der Gemeinde zu interagieren, lassen sich wie folgt zusammenfassen: - Mechanismus zur Anforderung von Informationen (EISENBERG, 2004; HOLZER; KIM, 2005); - Personalisierte Homepage, um den Zugang der Bürger zu erleichtern (HOLZER; KIM, 2005); - Zugang zu privaten Informationen mit Hilfe von Passwörtern, wie z.b. Strafregister, Erziehungsregister, Krankenakten, Standesamt usw. (SILVA FILHO; PEREZ, 2004; HOLZER; KIM, 2005); - Zugang zu Informationen in Bezug auf Bildung, Wirtschaftsindikatoren, Bildungseinrichtungen, Umwelt, Gesundheit, Verkehr usw. (TRIPATHI, 2007); -Identifizierung der verantwortlichen oder verwaltenden Person für eine mögliche Kontaktaufnahme oder Rechenschaftspflicht (HOLZER; KIM, 2005); -Verfügbarkeit von Berichten über Verstöße gegen Gesetze und Verwaltungsvorschriften (HOLZER; KIM, 2005); -Mechanismen für die Einreichung, Überwachung und Beseitigung öffentlicher Beschwerden (TRIPATHI, 2007); -Verbreitung von Nachrichten und Informationen über öffentliche Maßnahmen (PARREIRAS et al... 2004), 2004).

b) Dienste, die es Nutzern ermöglichen, sich für Veranstaltungen oder Dienstleistungen zu registrieren: Diese Praktiken betreffen die Fähigkeit der Gemeinde, Bürgern und Unternehmen den Zugang zu Dienstleistungen zu ermöglichen, sich dafür anzumelden und dafür zu bezahlen, sowie Mechanismen, die es der Gemeinde ermöglichen, Produkte und Dienstleistungen zu erwerben. Dies kann durch die Erteilung von Lizenzen, den Erhalt von Dokumenten, Zertifikaten, die Zahlung von Steuern, elektronische Einkäufe usw. geschehen.

Die Praktiken, die es den Nutzern ermöglichen, sich für Veranstaltungen oder Dienstleistungen zu registrieren, lassen sich wie folgt zusammenfassen: -Zahlung von Steuern:

Steuern, Gebühren, Verbesserungsbeiträge, Geldbußen usw. (HOLZER; KIM, 2005; KNIGHT; FERNANDES, 2006; TORRES et al., 2006). Diese Praxis sollte den Zugang zu Informationen, das Ausfüllen von Formularen, die Berechnung von Steuern und eventuellen Bußgeldern und Zinsen sowie die Online-Zahlung ermöglichen (SILVA FILHO; PEREZ, 2004; TORRES et al., 2006; TRIPATHI, 2007), 2006; TRIPATHI, 2007); -Fähigkeit, Bürgern und/oder Unternehmen die Registrierung für Online-Dienste zu ermöglichen (HOLZER; KIM, 2005); -Ermöglicht die Erteilung von Lizenzen, Registrierungen oder Genehmigungen, wie z. B. Gesundheitslizenzen, Lizenzen/Registrierungen für Hunde und andere Tiere, Lizenzen für die Eröffnung und Schließung von Betrieben, Baugenehmigungen usw. (HOLZER; KIM, 2005; TORRES et al., 2006), (HOLZER; KIM, 2005; TORRES et al., 2006); -Einholung von Dokumenten auf elektronischem Wege, wie z. B. Steueranfragen und -bescheinigungen, elektronische Rechnungen usw. (TORRES et al., 2006); -Kauf von Eintrittskarten für Veranstaltungen usw. (HOLZER; KIM, 2005; TORRES et al., 2006), (HOLZER; KIM, 2005; TORRES et al., 2006); -Elektronisches Beschaffungsportal durch die Durchführung von Online-Auktionen - pregão electrónico, das aus einer Internet-Auktion für automatische und offene Verhandlungen zwischen kommunalen Einrichtungen, Käufern und Lieferanten im privaten Sektor besteht (SANCHEZ, 2005; RITTER; FERNANDES, 2006); -Öffentlichkeitsarbeit für Ausschreibungen: Veröffentlichung der Bekanntmachungen offener Ausschreibungen und ihrer jeweiligen Ergebnisse auf der Website der Gemeinde (RITTER; FERNANDES, 2006).

Praktische Bürgerbeteiligung: Holzer und Kim (2005, S. 31) zufolge ist die Online-Bürgerbeteiligung der jüngste Bereich in der Untersuchung der elektronischen Verwaltung. Auch wenn das Internet ein praktischer Mechanismus für die Bürger ist, um sich an der Regierung zu beteiligen und somit die Dezentralisierung der Entscheidungsfindung zu beeinflussen, bedarf es großer Anstrengungen seitens der Regierung und der Bürger, um diese Praktiken umzusetzen und aufrechtzuerhalten und somit ihre Institutionalisierung zu gewährleisten.

Die Praktiken im Zusammenhang mit der Bürgerbeteiligung betreffen die Möglichkeiten der Online-Bürgerbeteiligung, d. h. die Möglichkeit für die Nutzer, mit den Verantwortlichen in Kontakt zu treten, sich an Diskussionen über wirtschaftliche und soziale Probleme, den Haushalt und die Planung zu beteiligen, Feedback von den Verantwortlichen und ihren Beratern zu erhalten, Zugang zu Newslettern zu haben, Vorschläge zu machen, allgemeine und spezifische Themen zu kritisieren, usw.

Die Praktiken, die die Bürgerbeteiligung kennzeichnen können, sind die folgenden: Online-

Newsletter (HOLZER; KIM, 2005); -Verwaltungsinformationen (HOLZER; KIM, 2005); -Angebot einer Kontakt-E-Mail (HOLZER; KIM, 2005; NAVARRO et al., 2007).

Schaffen Sie die notwendigen Instrumente, um wirksam und schnell auf E-Mails zu reagieren. Die Art und Weise, wie eine Regierung eingehende E-Mails behandelt und den Zugang zu automatischen Informationsmitteilungen auf der Grundlage der Präferenzen der Bürger ermöglicht, unterscheidet beliebte Regierungen von solchen, die als unzeitgemäß angesehen werden. Legen Sie klare Richtlinien für die Beantwortung von E-Mails fest, beginnend mit den Richtlinien für die automatische Beantwortung mit Uhrzeit und Datum des Eingangs, dem voraussichtlichen Zeitrahmen für die Beantwortung, was zu tun ist, wenn die Antwort nicht eingeht, und einer Kopie Ihrer ursprünglichen Nachricht. Geben Sie Ihren Mitarbeitern Instrumente an die Hand, um sie zur Verantwortung zu ziehen (CLIFT, 2003, S. 6-7).

-Schreibtafeln, Chats, Diskussionsforen, Diskussionsgruppen, Chats usw. (HOLZER; KIM, 2005; NAVARRO et al., 2007). Die Nutzung dieser Online-Tools zur Erörterung politischer, wirtschaftlicher und sozialer Fragen mit gewählten Vertretern, bestimmten Gremien, Experten usw. erleichtert den Dialog zwischen Regierung und Bürgern und bietet die Möglichkeit einer echten Beteiligung. Die Abhaltung virtueller Sitzungen kann es Abgeordneten ermöglichen, mit ihren Wählern zu kommunizieren. Die Regierung sollte auf ihrer Website einen öffentlichen Raum zur Verfügung stellen, der es den Bürgern ermöglicht, interaktiv mit ihrer Führung zu kommunizieren. Sie könnten ihre Meinung äußern, Fragen stellen, Kritik üben oder der Regierung und ihrem Apparat Vorschläge für den Entwicklungsprozess machen. Öffentliche Konsultationen sollten als Teil des politischen Entscheidungsprozesses durchgeführt werden, wenn direkte Auswirkungen auf bestimmte Bereiche der Gesellschaft absehbar sind oder wenn die Komplexität und/oder Relevanz des Themas die Aufnahme eines Dialogs rechtfertigt. Der Vorteil für die Regierenden besteht darin, dass sie die Bedürfnisse und Wünsche der Bürger erkennen können (ROSE, 2004, S. 222);

-Tagesordnungen oder Diskussionspläne für Sitzungen (HOLZER; KIM, 2005; NAVARRO et al., 2007). Ankündigung aller öffentlichen Sitzungen auf systematische und zuverlässige Weise. Enthalten Sie Zeit, Ort, Tagesordnung und Informationen über Bürgeraussagen, Beteiligung, Beobachtung oder Optionen;

Führen Sie kurze oder detailliertere Umfragen oder Erhebungen zu Zufriedenheit, Meinung, Präferenzen und Vorschlägen durch, um zu prüfen, wie die Bürger die angebotenen Dienstleistungen und die E-Governance-Struktur selbst wahrnehmen (HOLZER; KIM, 2005; BERTOT; JAEGER, 2008); -Spezifischer Kanal für die Einreichung von Beschwerden (KNIGHT; FERNANDES, 2006);

-Biografische Informationen, E-Mail, Telefon, Foto, Adresse zur Kontaktaufnahme mit gewählten Vertretern und Regierungsmitgliedern (TORRES et al., Bieten Sie einen speziellen Link zum Thema "Demokratie" oder "Bürgerbeteiligung" auf der Hauptseite Ihrer Website an, der Sie zu einem speziellen Abschnitt führt, der den Zweck und die Aufgaben der öffentlichen Stellen und der hochrangigen Entscheidungsträger beschreibt und Links zu Gesetzen, zum Haushalt und zu anderen Informationen über die Rechenschaftspflicht enthält. Geben Sie den Bürgern echte Informationen darüber, wie sie am besten Einfluss auf den Verlauf der öffentlichen Politik nehmen können. Dazu könnten Links zu Parlamentariern, Ausschüssen und Organisationen gehören (CLIFT, 2003).

Datenschutz und Sicherheitspraxis: Die Nutzer sind möglicherweise bereit, einen Teil ihrer Privatsphäre zu opfern und einige persönliche Informationen im Austausch für erkennbare Vorteile, wie Informationen, die ihren Bedürfnissen oder Vorlieben entsprechen, auszutauschen. Aber selbst wenn sie bereit sind, einen Teil ihrer Privatsphäre aufzugeben, müssen sie sicher sein, dass ihre persönlichen Daten nicht in einer nicht genehmigten Weise verwendet werden (PIETERSON et al., 2007, S. 57).

Daher schlagen Manber et al. (2000) zwei Lösungen vor, um diese Bedenken auszuräumen: die Verwendung von Passwörtern, die Verschlüsselung sensibler Daten, Audit-Verfahren, die Bewertung von Datensicherheit und Datenschutz. Darüber hinaus sollten Organisationen nach Bonett (2004) auf ihrer Website eine Datenschutzerklärung veröffentlichen, in der die Art der gesammelten Daten und die Richtlinien für die Verwendung und Weitergabe persönlicher Daten beschrieben werden.

Was die Sicherheit betrifft, so müssen die verfügbaren Informationen vor unbefugtem Zugriff, Manipulation und Missbrauch geschützt werden und gleichzeitig mit den Anforderungen und Wünschen der Nutzer übereinstimmen. Wenn die Nutzer das Gefühl haben, dass eine virtuelle Umgebung genauso sicher ist wie eine physische, dann werden sie es sicherlich vorziehen, mit der Regierung elektronisch zu interagieren (GHAPANCHI, 2007, S. 81). Darüber hinaus müssen die Nutzer von der Vertraulichkeit der Kommunikation und der Daten überzeugt sein. Wenn die Bürger sicher sind, dass ihre Daten und ihre Kommunikation nicht von anderen Personen oder Organisationen eingesehen werden können, wird ihre Beteiligung zunehmen (ebd., S. 81).

In diesem Zusammenhang schlagen Holzer und Kim (2005, S. 26) vor, dass die Untersuchung von Datenschutz- und Sicherheitspraktiken in zwei Bereiche unterteilt werden sollte: Datenschutzrichtlinien und Benutzerauthentifizierung.

a) Datenschutzrichtlinien: Bei der Prüfung der Datenschutzrichtlinien der Gemeinden ist vor allem zu berücksichtigen, ob diese Richtlinien auf der Website angezeigt werden. Kurz gesagt, es sollte eine Datenschutzerklärung zur Verfügung gestellt werden, die Nutzer sollten in der Lage sein, personenbezogene Daten zu überprüfen und unvollständige oder fehlerhafte Datensätze anzufechten, es sollten Möglichkeiten zur Einschränkung des Datenzugriffs, zur Einreichung von Beschwerden usw. vorgesehen werden.

Zum besseren Verständnis werden im Folgenden die Praktiken im Zusammenhang mit der Datenschutzpolitik beschrieben: -Datenschutzerklärung auf der Website, in der die Art der gesammelten Daten und die Richtlinien für die Verwendung und Weitergabe persönlicher Daten beschrieben werden (HOLZER; KIM, 2005), die die Sammler der Daten identifiziert, die auf allen Seiten, die Daten akzeptieren, verfügbar ist (HOLZER; KIM, 2005) und die das Datum enthält, an dem die Datenschutzpolitik überarbeitet wurde (SCHUELE, 2005); Möglichkeit, die Weitergabe personenbezogener Daten einzuschränken, mit der Möglichkeit, in die Bereitstellung von Informationen ein- und auszusteigen (HOLZER; KIM, 2005; SCHUELE, 2005); - Möglichkeit für den Nutzer, personenbezogene Daten zu überprüfen und Aufzeichnungen über unvollständige oder fehlerhafte Informationen anzufechten (HOLZER; KIM, 2005; SCHUELE, 2005); - Möglichkeit für den Nutzer, personenbezogene Daten zu überprüfen und Aufzeichnungen über unvollständige oder fehlerhafte Informationen anzufechten (HOLZER; KIM, 2005; SCHUELE, 2005); KIM, 2005; SCHUELE, 2005); - Informationspraktiken, bevor personenbezogene Daten erhoben werden, wobei die Stelle, die die Daten erhebt, der Zweck der Erhebung, die potenziellen Empfänger, die Art der Daten, die Art der Erhebung, die Freiwilligkeit oder die Pflicht zur Bereitstellung der Daten und die Folgen einer Nichtbereitstellung der Daten hervorgehoben werden (SCHUELE, 2005); Verwaltungsmaßnahmen, die den Zugang zu den Daten begrenzen und sicherstellen, dass sie nicht für unbefugte Zwecke verwendet werden, wie die Verwendung von Passwörtern und die Verschlüsselung sensibler Daten sowie Prüfverfahren (HOLZER; KIM, 2005); - Kontakt- oder E-Mail-Adresse für Beschwerden, Kritik usw. (HOLZER; KIM, 2005).

b) Benutzerauthentifizierung: Bei der Untersuchung von Praktiken im Zusammenhang mit der Benutzerauthentifizierung geht es in erster Linie um die Frage, wie man sicher auf den Benutzer zugreifen kann. Deshalb ist es notwendig, elektronische Signaturen oder ein elektronisches Zertifikat zu verwenden, das als elektronische Bescheinigung definiert werden kann, die Daten zur Überprüfung der Unterschrift mit einer Person verknüpft und deren Identität bestätigt (HAYAT et al., 2005, S. 169). Dieses elektronische Zertifikat ist so mit dem Benutzer verknüpft, dass er eindeutig identifiziert werden kann, und zwar durch die Bildung einer starken Verbindung unter Verwendung kryptografischer Techniken. Durch die eindeutige Identifizierung kann verhindert werden, dass eine Transaktion des Nutzers abgelehnt wird. Ein digitales elektronisches Zertifikat wird zum Gegenstück eines visuellen Identitätsdokuments (ibid., S. 169).

Die Praktiken im Zusammenhang mit der Benutzerauthentifizierung lassen sich also wie folgt erklären: -Zugang zu öffentlichen Informationen über einen eingeschränkten Bereich, der ein Passwort und/oder eine Registrierung erfordert, wie z. B. die Verwendung digitaler Signaturen zur Identifizierung von Benutzern (HAYAT et al., 2005; HOLZER; KIM, 2005); -Zugang zu nicht-öffentlichen Informationen für Server über einen eingeschränkten Bereich, der ein Passwort und/oder eine Registrierung erfordert (HOLZER; KIM, 2005).

Benutzerfreundlichkeit und Zugänglichkeit: Auf den meisten Websites der Kommunalverwaltungen hat die Kohärenz zwischen den Websites und Diensten keine hohe Priorität. Die Nutzer haben jedoch Erwartungen, was verfügbar ist und wo es zu finden sein wird. Um die Erwartungen der Nutzer zu erfüllen, sollten E-Government-Dienste in einer Weise präsentiert werden, die in Design, Organisation und Inhalt kohärenter ist (BERTOT; JAEGER, 2008, S. 150).

Nach Fang (2002, S. 124) sollten Websites so gestaltet und betrieben werden, dass auch unerfahrene Nutzer die benötigten Informationen leicht finden, die gewünschten Informationen bereitstellen und alle mit E-Governance verbundenen Vorgänge durchführen können.

Im Hinblick auf die Zugänglichkeit zielt dieser Ansatz auf eine größtmögliche Eingliederung ab, sowohl in Bezug auf die Personen, die Websites nutzen, als auch in Bezug auf die Technologien, die in diesem Prozess eingesetzt werden.

Das bedeutet, dass Websites so gestaltet werden sollten, dass sie für möglichst viele Menschen zugänglich sind, unabhängig von Alter, ethnischer Herkunft, Geschlecht, Behinderung, Bildung, Einkommen, Kultur und Religion (WITT; MCDERMOTT, 2004).

Ohne eine bessere Zugänglichkeit von Websites werden also Menschen von den Vorteilen des E-Government oder sogar von der Grundlage öffentlicher Dienstleistungen in Zukunft ausgeschlossen sein. Die Verbesserung der Zugänglichkeit ist daher von entscheidender Bedeutung für den Schutz der gleichen Menschenrechte einer großen Zahl von Menschen mit Behinderungen und für eine gesunde und stabile Entwicklung des E-Government (GKV, 2007, S. 380).

Im Hinblick auf die Benutzerfreundlichkeit schlagen Holzer und Kim (2005, S. 28) vor, drei verschiedene Bereiche zu untersuchen: traditionelle Seiten, Formulare und Suchwerkzeuge.

Außerdem hat sich mit der Aufnahme der Zugänglichkeit in diesen Abschnitt ein weiterer Bereich aufgetan, der als Zugangsstörung bezeichnet wird.

a) Herkömmliche Seiten: Bei der Prüfung dieser Praktiken sollten die Gemeinden diejenigen berücksichtigen, die den Navigationsprozess und das Verständnis des angezeigten Inhalts erleichtern; zu diesem Zweck weisen Holzer und Kim (2005) und Navarro et al, (2007) weisen darauf hin, dass die Gemeinden folgende Praktiken einführen sollten: Größe der Homepage, wobei maximal zwei Bildschirmlängen am besten geeignet sind; ein spezifisches Zielpublikum mit maßgeschneiderten Kanälen für bestimmte Gruppen wie Bürger, Unternehmen oder andere öffentliche Einrichtungen; Navigationsleiste: im Navigationsbereich gruppierte Elemente, klare Begriffe zur Definition der Navigationsoptionen in den Kategorien, Navigationssymbole zur sofortigen Erkennung der Kategorie der Elemente, gekennzeichnete Links usw.; anklickbare Links zur Homepage auf allen Seiten, zu Regierungsstellen und zu verwandten Websites außerhalb der Regierung.

Braga (2007), Torres et al. (2006) und Holzer und Kim (2005) ergänzen dies, indem sie sagen, dass die Gemeinden Folgendes präsentieren sollten: einen Lageplan oder einen Überblick über alle Websites; die Gestaltung der Seiten mit einheitlichen und konsistenten Farben (HOLZER; KIM, 2005), mit geeigneten Schriftarten, Textformatierungen, Sichtbarkeit der Elemente, Kriterien für die Verwendung von Logos usw. (PARREIRAS et al, (PARREIRAS et al., 2004); Texte sollten unterstrichen sein, um auf Links hinzuweisen; das Datum der letzten Aktualisierung der Seiten; ein Link zu Informationen über die Regierung, mit der Möglichkeit, diese zu kontaktieren, mit Adresse, Telefon, Fax und E-Mail.

b) Formulare: Die auf der Website der Gemeinden verfügbaren Formulare sollten so gestaltet sein, dass sie leicht auszufüllen sind, wenig Zeit in Anspruch nehmen und die Möglichkeit bieten, Fehler zu korrigieren; zu diesem Zweck sollten die Gemeinden die folgenden formularbezogenen Praktiken einführen: -Angebot von Alternativversionen langer Dokumente, wie z. B. .pdf- oder .doc-Dateien (HOLZER; KIM, 2005); - Ermöglichung des Zugriffs auf Formularfelder über Tasten oder den Cursor; eindeutige Kennzeichnung von Pflichtfeldern; logische Anordnung der Feldtabs, d.h. durch Antippen der Tabulatortaste gelangt man zum nächsten Feld (HOLZER; KIM, 2005); - Bereitstellung von Informationen darüber, wie man eingereichte Fehler erkennt und korrigiert (HOLZER; KIM, 2005; TORRES et al., 2006).

c) **Suchwerkzeuge:** **Die** Nutzer sollten Zugang zu Möglichkeiten haben, um nach Informationen, Inhalten, Einrichtungen, Abteilungen usw. zu suchen. Mit anderen Worten, die Gemeinden sollten in Bezug auf Suchwerkzeuge über folgende Praktiken verfügen: - eine Suchseite oder einen Link auf der eigenen Website der Regierung (TORRES et al... 2006); - eine eigene Suchmaschine, die es ermöglicht, gezielt nach Abteilungen, auf der gesamten Website usw. zu suchen; mit fortgeschrittenen Suchfunktionen wie der Verwendung von exakten Wörtern und Sätzen usw, 2006); - mit einer eigenen Suchmaschine, die es ermöglicht, gezielt nach Abteilungen, auf der gesamten Website usw. zu suchen; mit erweiterten Suchfunktionen wie der Verwendung von Wörtern, exakten Sätzen, Kombinationen usw.; mit der Möglichkeit, Suchergebnisse nach Relevanz oder anderen Kriterien zu klassifizieren (HOLZER; KIM, 2005; BRAGA, 2007; NAVARRO et al., 2007).

d) **Behinderung des Zugangs:** Die Regierung muss Menschen mit besonderen Bedürfnissen den Zugang zu Inhalten und Diensten ermöglichen. Zu diesem Zweck sollte die Regierung zumindest einen Telefondienst auf der Website einrichten, damit Hörgeschädigte ihn nutzen können, sie sollte über einen Mechanismus verfügen, der den Zugang für Sehbehinderte erleichtert (HOLZER; KIM, 2005), und der Inhalt der Website sollte in mehr als einer Sprache angeboten werden (HOLZER; KIM, 2005).

Darüber hinaus können Texte mit bestimmten Schriftarten für Sehbehinderte problematisch sein, und die Verwendung bestimmter Farben in bestimmten Kombinationen bereitet diesen Menschen oft Schwierigkeiten. Die Verwendung von Audioinhalten ohne schriftliche Transkription oder Untertitel ist für gehörlose Nutzer problematisch. Für Menschen mit eingeschränkter Mobilität kann die Verwendung der Maus unmöglich oder äußerst schwierig sein (GKV, 2007, S. 379).

Zusammenfassend lässt sich sagen, dass die Praktiken für den Zugang zu Behinderungen wie folgt aussehen: -Bereitstellung eines Zugangsmechanismus für Menschen mit besonderen Bedürfnissen; - Bereitstellung des Inhalts der Website in mehr als einer Sprache; - Darstellung schriftlicher Texte mit geeigneten Schriftarten und Farben; - Bereitstellung von Audioinhalten mit schriftlichen Transkripten oder Untertiteln; - Ermöglichung des Zugangs zur Website und ihrem Inhalt über die Computertastatur.

Auf diese Weise werden die bereits konsolidierten Dienste angesichts ihrer Bedeutung wahrscheinlich nicht eingestellt, aber eine Reihe von Diensten, die über das Internet zur Verfügung gestellt werden, machen sie noch nicht zu einem wirksamen E-Governance-Prozess. Es bedarf vor allem einer Richtung, die objektiv neue Formen der Bürgerbeteiligung an kommunalen Angelegenheiten zu erforschen versucht, indem sie die Verwaltungsprozesse umstrukturiert, um E-Governance in einen effizienten und demokratischen Verwaltungsweg für öffentliche Organisationen zu verwandeln.

KAPITEL 3

MITTEL UND METHODEN

Forschung wird definiert als der Prozess der Formulierung eines Problems, der Aufstellung von Hypothesen und der Identifizierung von Beziehungen zwischen Variablen mit dem Ziel, Antworten durch den Einsatz wissenschaftlicher Verfahren zu finden. Lakatos und Marconi (2003, S. 155) zitieren Ander-Egg (1978), der Forschung als "ein reflexives und systematisches, kontrolliertes und kritisches Verfahren, das die Entdeckung neuer Fakten oder Daten, Beziehungen oder Gesetze in jedem Wissensbereich ermöglicht", konzeptualisiert.

Die in der Untersuchung verwendeten methodischen Verfahren sind:

3.1 Art der Forschung

Beuren *et al.* (2003) schlagen vor, dass die Forschung in Bezug auf ihre Ziele, Verfahren und Herangehensweise an das Problem umrissen werden sollte. Was die Ziele betrifft, so ist diese Studie als deskriptive Forschung zu bezeichnen. Wie Gil (1999) erklärt, besteht das Ziel darin, die Merkmale einer bestimmten Population oder eines bestimmten Phänomens zu beschreiben. In diesem Sinne werden die Analysen der E-Governance-Praktiken in den untersuchten Gemeinden in Rondon beschrieben.

Was die Verfahren anbelangt, so wurden bibliografische und dokumentarische Recherchen durchgeführt. Martins und Theóphilo (2009) erklären, dass die bibliografische Forschung darauf abzielt, ein Thema, eine Thematik oder ein Problem auf der Grundlage von in Büchern, Zeitschriften, Magazinen usw. veröffentlichten Referenzen zu erklären und zu erörtern, um die theoretische Grundlage für die Studie zu schaffen. Sá-Silva, Almeida und Guindani (2009) erklären, dass die Dokumentationsforschung durch die Suche nach Informationen in Dokumenten gekennzeichnet ist, die noch nicht wissenschaftlich bearbeitet wurden.

Was die Erörterung des Problems anbelangt, so ist diese Studie als qualitativ zu bezeichnen, da sie keine statistischen Instrumente zur Analyse der Daten verwendet, ihr Interessenschwerpunkt breit gefächert ist und sie die Gewinnung von beschreibenden Daten durch direkten und interaktiven Kontakt zwischen dem Forscher und der untersuchten Situation beinhaltet.

3.2 Datenerhebung

Die Analyseeinheit dieser Studie umfasst alle Gemeinden des Bundesstaates Rondônia mit insgesamt 52 Fällen, die aufgrund ihrer Bedeutung für die Wirtschaft des Bundesstaates ausgewählt wurden und in denen E-Governance nachweislich und in gewissem Umfang vorhanden ist. Es handelt sich um eine Bevölkerungsstudie, d. h. um eine Volkszählung.

Die oben erwähnten E-Governance-Praktiken werden von den offiziellen Websites aller Gemeinden des Bundesstaates Rondônia bezogen, die die Grundgesamtheit der Studie bilden. Sie sind:

Tabelle 3 - Gemeinden und offizielle Websites

Nein.	Kommune	offizielle Websites der Kommunalverwaltungen
01	Alta Floresta d'Oeste	www.altaflorestadoeste.ro.gov.br/
02	Alto Alegre do Parecis	www.altoalegre.ro.gov.br/
03	Alto Paraiso	www.altoparaiso.ro.gov.br/
04	Alvorada d'Oeste	www.alvoradadooeste.ro.gov.br/
05	Ariquemes	www.ariquemes.ro.gov.br/
06	Buritis	www.buritis.ro.gov.br/
07	Cabixi	www.cabixi.ro.gov.br/
08	Cacaulândia	www.cacaulandia.ro.gov.br/
09	Cacoal	www.cacoal.ro.gov.br/
10	Campo Novo de Rondônia	www.camponovo.ro.gov.br/
11	Candeias do Jamari	www.candeiasdojamari.ro.gov.br/
12	Kastanienbäume	www.pmcastanheiras.ro.gov.br/
13	Kirschbäume	www.cerejeiras.ro.gov.br/
14	Chupinguaia	www.chupinguaia.ro.gov.br/
15	Colorado do Oeste	www.coloradodooeste.ro.gov.br/
16	Corumbiara	www.corumbiara.ro.gov.br/
17	Costa Marques	www.costamarques.ro.gov.br/
18	Cujubim	www.cujubim.ro.gov.br/
19	Espigão d'Oeste	www.prefeituraespigao.com.br/
20	Gouverneur Jorge Teixeira	www.governadorjorgeteixeira.ro.gov.br/
21	Guajará-mirim	www.guajaramirim.ro.gov.br/
22	Itapuã do Oeste	www.itapuadooeste.ro.gov.br/
23	Jaru	www.jaru.ro.gov.br/
24	Ji-Paraná	www.ji-parana.ro.gov.br/
25	Machadinho d'Oeste	www.machadinho.ro.gov.br/
26	Minister Andreazza	www.ministroandreazza.ro.gov.br/
27	Mirante da Serra	www.mirantedaserra.ro.gov.br/
28	Monte Negro	www.montenegro.ro.gov.br
29	Nova Brasilândia d'Oeste	www.novabrasilandia.ro.gov.br/
30	Nova Mamoré	www.novamamore.ro.gov.br/
31	Neue Union	www.novauniao.ro.gov.br/
32	Novo Horizonte do Oeste	www.novohorizonte.ro.gov.br/
33	Ouro Preto do Oeste	www.ouropretodooeste.ro.gov.br/
34	Parecis	www.parecis.ro.gov.br/
35	Pimenta Bueno	www.pimentabueno.ro.gov.br/
36	Pimenteiras do Oeste	www.pimenteirasdooeste.ro.gov.br/

37	Porto Velho	www.portovelho.ro.gov.br/
38	Präsident Médici	www.presidentemedici.ro.gov.br/
39	Frühling in Rondônia	www.primavera.ro.gov.br/
40	Rio Crespo	www.riocrespo.ro.gov.br/
41	Rolim de Moura	www.rolimdemoura.ro.gov.br/
42	Santa Luzia d'Oeste	www.santaluzia.ro.gov.br/
43	São Felipe d'Oeste	www.saofelipe.ro.gov.br/
44	São Francisco do Guaporé	www.saofrancisco.ro.gov.br/
45	São Miguel do Guaporé	www.saomiguel.ro.gov.br/
46	Gummibäume	www.seringueiras.ro.gov.br/
47	Teixeiropolis	www.teixeiropolis.ro.gov.br/
48	Theobroma	www.theobroma.ro.gov.br/
49	Urupá	www.urupa.ro.gov.br/
50	Anari-Tal	www.valedoanari.ro.gov.br/
51	Vale do Paraiso	www.valedoparaiso.ro.gov.br/
52	Vilhena	www.vilhena.ro.gov.br/

Quelle: Aufbereitet nach IBGE/2014.

Die offiziellen Websites der Gemeinden wurden über die Google-Suchfunktion unter www.google.com.br aufgerufen.

Die Daten wurden auf den Websites aller an der Untersuchung beteiligten Gemeinden gesammelt. Der Zeitraum der Datenerhebung für diese Untersuchung war der 01. Juni bis 18. Juli 2015. Nach der Erfassung und Berechnung wurden die Indizes der elektronischen Verwaltung der Gemeinden des Bundesstaates Rondônia (IGEM) auf der Grundlage der nachstehend beschriebenen Variablen und Datenanalysen erstellt.

3.3 Variablen und Datenanalysen

In dieser Studie wurde der E-Governance-Index für Gemeinden in Rondonia (IGEM) verwendet, der auf dem von Mello (2009) vorgeschlagenen Modell basiert. Dieser Index zielt darauf ab, die Vision von Mellos IGE der brasilianischen Staaten zu ergänzen, eine Situation, die die Analyse der Compliance der untersuchten Gemeinden motivierte.

Die Variablen, die zur Analyse der E-Governance der Websites der untersuchten Gemeinden verwendet wurden, sind in Anhang 1 dieser Studie zu finden. Sie wurden in fünf Gruppen unterteilt: Inhalt (PCon), Dienstleistungen (PSer), Bürgerbeteiligung (PPC), Datenschutz und Sicherheit (PPS) sowie Benutzerfreundlichkeit und Zugänglichkeit (PUA).Die Tabellen 4 und 5 zeigen die Punkte und Gewichtungen, die zur Bewertung der E-Governance vergeben wurden.

Tabelle 4 - Punktevergabe für die Bewertung von E-Governance-Verfahren

Skala	Beschreibung/Situation der Praxis
0	Nicht identifizierte Praxis
1	Es gibt einige Informationen über diese Praxis
2	Die Praxis ist vorhanden, aber unvollständig
3	Die Praxis ist vollständig umgesetzt

Quelle: Mello (2009)

Tabelle 5 - Zuordnung von Gewichtungen zur Bewertung von E-Governance

Verfahren	Abmessungen/Punkte					
	PCon	PSer	PPC	PPS	PUA	Insgesamt
Gleiches Gewicht zwischen den Dimensionen	20	20	20	20	20	100
Praktiken nach Dimension	13	16	10	8	19	66
Punkte für jede Praxis	1,538	1,818	2,000	3,333	1,176	
Punktzahl für Skala 0	0	0	0	0	0	
Punktzahl für Skala 1	0,513	0,606	0,667	1,111	0,392	
Punktzahl für Skala 2	1,025	1,212	1,333	2,222	0,784	
Punktzahl für Skala 3	1,538	1,818	2,000	3,333	1,176	

Quelle: Angepasst von Mello (2009)

Die fünf (5) 20-Punkte-Untergruppen (Inhalt, Dienste, Bürgerbeteiligung, Datenschutz und Sicherheit sowie Benutzerfreundlichkeit und Zugänglichkeit) wurden gleich gewichtet.

Anschließend wurde auf der Grundlage der Anzahl der Praktiken pro Untergruppe die Punktzahl für jede Praxis innerhalb der Untergruppe ermittelt, indem das der Untergruppe zugewiesene Gewicht durch die Anzahl der Praktiken dividiert wurde.

Zum Beispiel hat die Untergruppe Dienstleistungen ein Gewicht von 20 und 16 analysierte Praktiken, was zu einer Punktzahl von 1,25 für jede konsultierte Praxis führt. Für die Praktiken, die auf der Skala 0-1 bewertet wurden, gilt Folgendes: Für die Praktiken mit einer Punktzahl von 0, d. h. eine nicht identifizierte Praxis, beträgt die Punktzahl 0, und für die Praktiken mit einer Punktzahl von 1, d. h. eine von der Gemeinde eingeführte Praxis, beträgt die Punktzahl 1,25. Die auf der Skala von 0 bis 3 bewerteten Praktiken wurden nach ihrem Gewicht bewertet. So ist die Punktzahl für die nicht identifizierten Praktiken 0, die Punktzahl 1 ist 0,417, die Punktzahl 2 entspricht einer Punktzahl von 0,833 und die Punktzahl 3 ist 1,25, was laut Erhebungsinstrument bedeutet, dass die Praxis vollständig umgesetzt wurde.

Nach der Durchführung dieser Verfahren für die 66 E-Governance-Praktiken wurden alle Punkte, die jede Gemeinde in den fünf Untergruppen (Inhalt, Dienstleistungen, Bürgerbeteiligung, Datenschutz und Sicherheit sowie Benutzerfreundlichkeit und Zugänglichkeit) erhielt, addiert. Diese Gesamtpunkte stellen die Gesamtzahl der von den Gemeinden umgesetzten E-Governance-Praktiken auf einer Skala von 0 bis 100 dar und bilden somit den IGEM - Index der elektronischen Verwaltung der Gemeinden des Staates Rondônia.

KAPITEL 4

PRÄSENTATION UND ANALYSE DER DATEN

Der Vorschlag für den Index zur Messung und Überwachung der Entwicklung von E-Governance, hier IGEM (Electronic Governance Index of the Municipalities of the State of Rondônia) genannt, besteht darin, den Index unter Berücksichtigung der gleich gewichteten Untergruppen von Praktiken (gleiche Gewichtung) zu erstellen und ihn nach der Methodik von Melo (2009) zu validieren, so dass mit den bekannten repräsentativen Indizes jeder Gemeinde eine Rangliste der E-Governance-Indizes der Gemeinden des Staates Rondônia erstellt wird.

In diesem Abschnitt werden die Ergebnisse der fünf Kategorien von E-Governance-Praktiken vorgestellt, aus denen sich der analysierte Index zusammensetzt. Anschließend werden die IGEMs erörtert, die auf den Websites der untersuchten Gemeinden gefunden wurden.

4.1 Praktiken der elektronischen Verwaltung

Das IGEM setzt sich aus der Punktzahl zusammen, die in jeder der fünf Kategorien der in der Umfrage analysierten E-Governance-Praktiken erzielt wurde. Es ist daher wichtig, die Ergebnisse dieser Gruppen von Praktiken einzeln zu erörtern, die im Folgenden vorgestellt werden.

4.1.1 Inhaltliche Praktiken

Die Gemeinden, die die besten und die schlechtesten Ergebnisse bei den inhaltlichen Praktiken erzielten, sind in Tabelle 1 aufgeführt.

Tabelle 1 - Gemeinden mit den besten und schlechtesten Werten für die inhaltliche Praxis

Gemeinden	PCON	Gemeinden	PCON
Porto Velho	12,814	Corumbiara	8,716
Alta Floresta	9,742	Gouverneur Jorge Teixeira	8,205
Ariquemes	9,741	Monte Negro	8,205
Ouro Preto	9,229	Neue Gewerkschaft	8,204
Ji-Paraná	9,229	Vale do Paraiso	8,204
Cacoal	9,229	Parecis	8,204
Pimenta Bueno	9,229	Itapuã D'oeste	7,691
Alvorada D'oeste	9,229	Kastanienbäume	7,691
Präsident Medici	9,229	Campo Novo	7,179
Vilhena	9,228	Cabixi	7,179

Quelle: Forschungsdaten

Eine andere Möglichkeit, die Gemeinden mit den besten Werten für die inhaltliche Praxis zu visualisieren, bietet das folgende Diagramm:

50

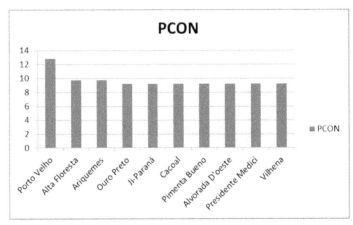

Figura 2   -Großes IGEM - Praktischer Inhalt

Quelle: Forschungsdaten

Auch die Gemeinden mit den niedrigsten Werten für die inhaltliche Praxis sind in der nachstehenden Grafik zu sehen:

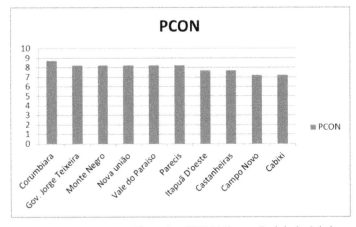

Figura 3   - IGEM Minors - Praktische Inhalte

Quelle: Forschungsdaten

Die Höchstpunktzahl für dieses Verfahren betrug 20 Punkte, und von den untersuchten Gemeinden erzielte Porto Velho mit 12,814 Punkten die beste Leistung, gefolgt von Alta Floresta (9,742), Ariquemes (9,741), Ouro Preto D'oeste (9,229) und Ji-Paraná (9,229). Cabixi und Campo Novo de Rondônia waren die Gemeinden mit der niedrigsten Punktzahl (7,179), gefolgt von Castanheiras und Itapuã D'oeste mit (7,691) und Parecis mit (8,204), die in Bezug auf diese E-

Governance-Praxis ebenfalls nicht gut abschnitten.

Zusätzlich zu den Angaben in Tabelle 1 haben die Gemeinden für diese Praxis eine Durchschnittsnote von 8,043 erhalten.

Inhaltliche Praktiken werden von Holzer und Kim (2005) in fünf Bereiche eingeteilt: Zugang zu Kontaktinformationen, öffentlichen Dokumenten, sensiblen Informationen und Multimedia-Materialien. Kontaktinformationen sollten es der Gesellschaft ermöglichen, Zugang zu Informationen über die Verwaltungsstruktur der Regierung, die Adresse interner und externer Stellen, einschließlich der Öffnungszeiten, die Namen der für diese Stellen verantwortlichen Manager, Informationen über die Agenda des Managers und die öffentliche Politik der Führungskräfte zu erhalten.

Hinsichtlich der Kontaktinformationen wurde festgestellt, dass nicht alle Gemeinden auf ihren Websites ihre Verwaltungsstruktur sowie ihre Adresse und Kontaktdaten mit Öffnungszeiten angeben, wobei anzumerken ist, dass einige Gemeinden mehr Informationen bereitstellen als andere. Einige dieser Beispiele werden im Folgenden erörtert:

Die Website von Cabixi, mit einem Index von 7.179 in Content Practice, bietet keine Links zu Informationen über das Rathaus, mit der Möglichkeit, es mit einer Adresse, Telefonnummer, Faxnummer oder E-Mail-Adresse zu kontaktieren, noch gibt es Informationen über die Struktur und die Funktionen des Rathauses, noch gibt es Informationen über die Verwaltung, noch gibt es Informationen über die Positionen und ihre Zuständigkeiten. Es gibt keine Tagesordnung für die Politik des Stadtdirektors und des Stadtrats, keinen Veranstaltungskalender, kein schwarzes Brett, keine Rundschreiben und keine Termine für Sitzungen zur Erörterung der öffentlichen Politik.

Es wurde auch festgestellt, dass Campo Novo de Rondônia den gleichen Index von (7,179) in der Inhaltspraxis erhielt und keinen Link hat, der über das Vorhandensein einer Agenda für den Gemeindeverwalter und die öffentliche Politik informiert. Zum Zeitpunkt der Datenerhebung gab es auf dieser Website weder ein schwarzes Brett noch einen Newsletter oder einen Veranstaltungskalender der Gemeinde.

Darüber hinaus gibt es weder eine Tagesordnung noch einen Kalender für öffentliche politische Diskussionen mit Zeitplan, Ort und Uhrzeit, noch einen Online-Newsletter oder Informationen über Positionen und deren Zuständigkeiten.

Die Gemeinde Castanheiras stellt ihre Verwaltungsstruktur nicht auf ihrer Website zur

Verfügung, und es gibt keine Liste mit Links zu internen und externen Stellen mit den Standorten von Ämtern, Behörden und Öffnungszeiten. Es gibt jedoch einen Kontaktpunkt mit der Telefonnummer des Rathauses. Es ist auch darauf hinzuweisen, dass weder eine Agenda des Leiters oder der Politik des Organs, noch ein Kalender oder eine Tagesordnung für öffentliche Sitzungen, ein Veranstaltungskalender oder ein Newsletter zu finden sind.

Itapuã do Oeste bietet auf seiner Website Kontaktinformationen zum Rathaus und dessen Adresse. Die Website enthält eine Liste von Links zu internen Einrichtungen (Sekretariaten) mit deren Standort usw. Die Website enthält weder den Terminkalender des Bürgermeisters noch einen Veranstaltungskalender oder einen Newsletter. Es gibt keinen Terminkalender für Sitzungen zur Erörterung der öffentlichen Politik. Es werden keine Informationen über die Verletzung von Gesetzen und Verwaltungsvorschriften veröffentlicht.

Dies waren nur einige Beispiele, aber auf den meisten Websites fehlen die Agenda des Verwalters und die öffentliche Politik. Außerdem sind nur in einigen wenigen Fällen die Namen der für die Veröffentlichungen verantwortlichen Personen angegeben. Es sollte daher betont werden, dass die Bürger über die von den Rathäusern geplanten Veranstaltungen informiert werden sollten und nicht erst dann, wenn diese bereits stattgefunden haben. Was die Informationen über die Sekretariate anbelangt, so gibt es zwar Informationen darüber, wer die Sekretäre sind, aber nicht über ihre Aufgaben. Darüber hinaus bieten die kommunalen Portale allgemeine E-Mail-Adressen zur Kontaktaufnahme, aber keine spezifischen Adressen für die Kommunikation mit den Sekretariaten.

Bei der Überprüfung des Vorhandenseins öffentlicher Dokumente auf den Websites der untersuchten Gemeinden wurde festgestellt, dass die Portale zwar Links zum Zugang zu den Dokumenten anbieten, aber in vielen Fällen war es nicht möglich, die Dokumente herunterzuladen, sondern sie konnten nur am Bildschirm angesehen werden. Bei den am häufigsten auf den Websites zur Verfügung gestellten Dokumenten handelte es sich um kommunale Gesetze und Verordnungen, Ausschreibungsbekanntmachungen und Informationen über den Haushalt. Es ist hervorzuheben, dass die Bereitstellung von Informationen dieser Art zu einer ständigen Praxis der öffentlichen Einrichtungen werden sollte, damit die Gesellschaft nicht nur die Möglichkeit hat, sie zu konsultieren, sondern auch, die Dokumente herunterzuladen und zu kopieren.

Die wichtigsten Dokumente, die zur Verfügung gestellt werden sollten, sind Gemeindeordnungen und -verordnungen, Haushaltsinformationen, öffentliche Ausschreibungen und die Möglichkeit, die bereitgestellten Dateien herunterzuladen. Im Folgenden werden einige Beispiele für diese Art der Bereitstellung von Dokumenten durch die Gemeinden vorgestellt.

Nach der Analyse der elektronischen Portale der Gemeinden wurde festgestellt, dass die meisten von ihnen Informationen über kommunale Vorschriften und Verordnungen zur Verfügung stellen, ohne detaillierte Informationen über ihren Haushalt und die finanzielle Ausführung zu geben, und es ist wichtig festzustellen, dass nur wenige von ihnen öffentliche Bekanntmachungen und die Ergebnisse ihrer Ausschreibungen der Gesellschaft zur Verfügung stellen, ebenso wie es nur wenige öffentliche Bekanntmachungen und Ausschreibungsergebnisse auf den Hauptseiten der Gemeindeverwaltung gab.

Sensible Informationen beziehen sich auf die Nutzung kommunaler elektronischer Portale als Instrument zur Warnung der Bevölkerung vor Problemen, zur Organisation von Gemeindeveranstaltungen und für Schwarze Bretter. Die Nutzung von Multimedia durch Regierungsbeamte entspricht der Tatsache, dass Audio- und Videodateien verwendet werden, um öffentliche Aktivitäten auf kommunalen Websites zu präsentieren. Hinsichtlich sensibler Informationen und der Nutzung von Multimedia wurde festgestellt, dass die Mehrheit der befragten Gemeinden keine Videos und Audiodateien von öffentlichen Veranstaltungen und/oder Vorträgen auf ihren Websites zur Verfügung stellt, und nur wenige von ihnen verfügen über Schwarze Bretter, Chats oder Chatrooms für die Diskussion politischer, wirtschaftlicher und sozialer Fragen mit gewählten Beamten. Sie haben keine spezielle Website für das Notfallmanagement, sie veröffentlichen keine Stellenangebote und Lebensläufe auf ihren Seiten.

Porto Velho ist eine der untersuchten Gemeinden, die in dieser Hinsicht gut abgeschnitten hat, da sie der Gesellschaft eine Seite zur Verfügung stellt, die gut in die Hauptnachrichten und die letzten Nachrichtenaktualisierungen unterteilt ist und Audionachrichten im PodCast-Bereich anbietet, mit der Möglichkeit, die Audios herunterzuladen, sowie Links zu sozialen Medienkontakten auf der Seite.

4.1.2   Service-Praktiken

Mit dem Fortschritt der Kommunikationstechnologien ist die Beziehung zwischen den der Bevölkerung angebotenen Dienstleistungen und den Bürgern enger geworden, so dass öffentliche Dienstleistungen direkt in den Wohnungen der Bürger angeboten werden können. Diese Situation hat es ermöglicht, dass Produkte und Dienstleistungen schneller von der Gesellschaft erworben werden können. Nach Holzer und Kim (2005) lassen sich die Dienstleistungspraktiken in Dienstleistungen unterteilen, die es der Bevölkerung ermöglichen, mit der Regierung zu interagieren (Instrumente, die

54

es ihr ermöglichen, Informationen zu konsultieren, Zugang zu Informationen über Bildung, Wirtschaftsindikatoren, Bildungseinrichtungen, Umwelt, Gesundheit, Instrumente für eventuelle Beschwerden, Informationen über die öffentliche Politik usw.) und Dienstleistungen, die es der Gesellschaft ermöglichen, sich zu registrieren.) und Dienste, die es der Gesellschaft ermöglichen, sich für Veranstaltungen und Dienstleistungen anzumelden (Zahlung von Steuern, Erteilung von Lizenzen, Bescheinigungen oder Genehmigungen, elektronische Ausschreibungen usw.).Tabelle 2 zeigt die Gemeinden mit den besten und schlechtesten Dienstleistungspraktiken:

Tabelle 2 - Gemeinden mit den besten und schlechtesten Werten für die Praxis der Dienstleistungen

Gemeinden	PSER	Gemeinden	PSER
Ariquemes	17,754	Jaru	11,514
Porto Velho	15,756	Itapuã do Oeste	11,514
Cacoal	15,150	Cujubim	11,514
Alvorada D'oeste	14,544	Costa Marques	11,514
Ji-Paraná	12,726	Corumbiara	11,514
Cacaulândia	12,726	Chupinguaia	11,514
Colorado do Oeste	12,726	Kastanienbäume	11,514
Vilhena	12,726	Rio Crespo	10,908
Ouro Preto do Oeste	12,120	Gouverneur Jorge Teixeira	10,908
Pimenta Bueno	12,120	Cabixi	10,908

Quelle: Forschungsdaten

Die Gemeinden mit den besten Ergebnissen in der Dienstleistungspraxis sind in der folgenden Grafik dargestellt:

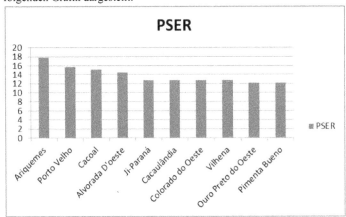

Abbildung 4 - Größte IGEM - Dienstleistungspraxis

Quelle: Forschungsdaten

Die Gemeinden mit den niedrigsten Werten für die Dienstleistungspraxis sind in der folgenden Grafik zu sehen:

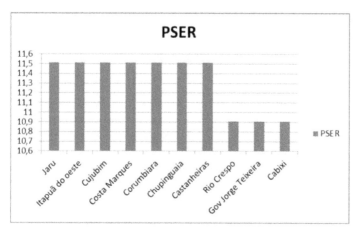

Figura 5 - IGEM-Minderjährige - Praktischer Dienst
Quelle: Forschungsdaten

Die maximale Punktzahl für diese Servicepraxis beträgt 20 Punkte, und von den untersuchten Gemeinden erzielte Ariquemes mit 17,754 Punkten die beste Leistung, gefolgt von Porto Velho (15,756), Cacoal Grande (15,150), Alvorada do Oeste (14,544) und Ji Paraná (12,726). Cabixi war die Gemeinde mit der niedrigsten Punktzahl, 10,908 Punkte, und mit der gleichen Punktzahl Governador Jorge Teixeira und Rio Crespo, die ebenfalls nicht gut in Bezug auf diese E-Governance-Praxis abschnitten. Zusätzlich zu den Informationen in Tabelle 2 betrug die durchschnittliche Punktzahl, die die Gemeinden für diese Praxis erhielten, 11,420.

Im Folgenden werden einige Beispiele für die Dienstleistungspraxis der Gemeinden erläutert: Ariquemes präsentiert auf seiner Website die Erteilung von Gesundheitslizenzen und Genehmigungen für die Eröffnung und Schließung von Betrieben. Sie stellt keinen Kalender für öffentliche Diskussionen zur Verfügung, was die Teilnahme der Bürger erschwert. In Bezug auf die Verfügbarkeit von Online-Diensten wurde festgestellt, dass zwar Steuerzahlungsbelege ausgestellt werden, der Steuerzahler aber weder die Berechnung der Steuer simulieren noch die Beträge online bezahlen kann. Sie bietet Instrumente zur Einreichung von Beschwerden und Anzeigen sowie wirtschaftliche, bildungsbezogene oder soziale Indikatoren für die Gemeinde.

Auf der Website der Gemeinde Governador Jorge Teixeira können weder Lizenzen, Registrierungen oder Genehmigungen online eingeholt werden, noch ist es möglich, Eintrittskarten für Veranstaltungen in der Gemeinde zu kaufen. Was die Online-Dienste anbelangt, so ist es nicht möglich, Steuerbescheinigungen auszustellen, und es gibt auch keinen Mechanismus für die Einreichung von Beschwerden oder öffentlichen Anzeigen, wie z. B. eine Ombudsstelle, und es wird

56

kein Verantwortlicher für die Website mit einer möglichen Kontaktperson für die Rechenschaftspflicht genannt.

Die Analyse der von den Gemeinden angebotenen Dienstleistungen hat ergeben, dass die meisten der untersuchten Websites zwar Instrumente zur Erlangung von Negativbescheinigungen, zur Ausstellung von Steuerformularen und Mechanismen zur Einreichung von Beschwerden anbieten, jedoch nicht die Identifizierung der für die Website verantwortlichen Person für eine spätere Kontaktaufnahme und Informationen über die Wirtschafts-, Bildungs- oder Sozialindikatoren der Gemeinden vorsehen und es den Steuerzahlern nicht ermöglichen, die Berechnung der Steuern zu simulieren oder die entsprechenden Beträge online zu bezahlen.

4.1.3 Praktiken der Bürgerbeteiligung

Im Hinblick auf die Praxis der Bürgerbeteiligung erklären Holzer und Kim (2005), dass diese Praxis in den letzten Jahren die meiste Aufmerksamkeit von E-Governance-Wissenschaftlern erhalten hat, da sie von Regierungsbeamten und Bürgern große Anstrengungen erfordert, um effektiv umgesetzt und aufrechterhalten zu werden. Diesen Autoren zufolge bezieht sich diese Praxis auf das Vorhandensein von Instrumenten, die es den Bürgern ermöglichen, online mit öffentlichen Verwaltern in Kontakt zu treten, auf die Förderung der Beteiligung der Bürger an Haushalts- und Planungsentscheidungen und auf die Möglichkeit, Kritik zu üben und Vorschläge zu verschiedenen Themen zu machen.

Einige der Praktiken der Bürgerbeteiligung, die der Literatur zufolge auf Websites präsentiert werden sollten, sind folgende: Online-Newsletter, Chat, Diskussionsforen, Chats, Kontakt-E-Mails, öffentliche Diskussionsagenda, Durchführung von Umfragen zur Zufriedenheit mit den erbrachten Dienstleistungen und Aufforderung zur Einreichung von Vorschlägen zur Verbesserung der E-Governance-Struktur sowie ein spezieller Punkt zur Bürgerbeteiligung, der die Bedeutung der Beteiligung der Gesellschaft an der Umsetzung der öffentlichen Politik erläutert.

Die Gemeinden mit den besten und schlechtesten Ergebnissen für die Praxis der Bürgerbeteiligung sind in Tabelle 3 aufgeführt. Die maximale Punktzahl für diese Praxis beträgt 20 Punkte.

Tabelle 3 - Gemeinden mit den besten und schlechtesten Ergebnissen in der Praxis der Bürgerbeteiligung

Gemeinden	PPC	Gemeinden	PPC
Porto Velho	7,134	Cabixi	4,002
Ariquemes	6,668	Vale do Paraiso	4,001
Cacoal	5,335	Anari-Tal	4,001
Buritis	4,669	Theobroma	4,001

Campo Novo	4,669	St. Lucia	4,001
Beil	4,669	Rio Crespo	4,001
Mirante da Serra	4,669	RO Feder	4,001
Alvorada D'oeste	4,668	Itapuã do Oeste	4,001
Kirschbäume	4,668	Corumbiara	4,001
Cacaulândia	4,668	Teixeirópolis	3,335

Quelle: Forschungsdaten

Eine andere Möglichkeit, die Gemeinden mit den besten Werten für die Praxis der Bürgerbeteiligung zu visualisieren, bietet die folgende Grafik:

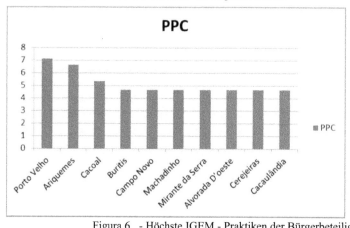

Figura 6 - Höchste IGEM - Praktiken der Bürgerbeteiligung

Quelle: Forschungsdaten

Die Gemeinden mit den besten Ergebnissen für die Praxis der Bürgerbeteiligung sind in der folgenden Grafik zu sehen:

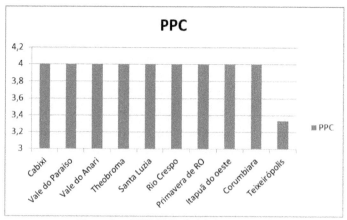

Figura 7 - IGEM-Minderjährige - Bürgerbeteiligung in der Praxis

Quelle: Forschungsdaten

Tabelle 3 zeigt, dass von allen untersuchten Gemeinden Porto Velho mit 7,134 Punkten die beste Leistung in Bezug auf die Bürgerbeteiligung erzielte, gefolgt von Ariquemes (6,668), Cacoal (5,335), Buritis (4,669) und Campo Novo de Rondônia (4,669). Teixeirópolis war die Gemeinde mit der niedrigsten Punktzahl (3,335), gefolgt von Corumbiara, Itapuã do Oeste, Primavera de Rondônia, Rio Crespo und Santa Luzia, alle mit (4,001), und schnitten somit auch in Bezug auf diese E-Governance-Praxis nicht gut ab. Zusätzlich zu den Informationen in Tabelle 3 betrug die Durchschnittsnote der Gemeinden für diese Praxis 4,202.

Im Folgenden werden einige Beispiele für die von den Gemeinden zur Verfügung gestellten Praktiken der Bürgerbeteiligung erörtert: Die Gemeinde Teixeirópolis nennt keine Verantwortlichen für die Website und/oder keine Kontaktdaten (E-Mail, Telefon oder Adresse), damit die Nutzer der Website Informationen auf ihrer Website anfordern können. Es gibt keinen Punkt, der für die Suche nach Informationen auf der Website verwendet werden sollte. Darüber hinaus enthält sie keine Tagesordnung für Sitzungen oder einen Kalender für öffentliche Diskussionen, einschließlich Zeit, Ort, Tagesordnung und Informationen über Erklärungen, Beteiligung, Kommentare oder Optionen der Bürger.

Die Website von Corumbiara bietet kein Schwarzes Brett, keinen Chat, kein Diskussionsforum, keine Diskussionsgruppen, keine Chats usw. zur Erörterung politischer, wirtschaftlicher und sozialer Fragen mit gewählten Vertretern, spezifischen Gremien und Fachleuten, um den Dialog zwischen Regierung und Bürgern mit einer echten Möglichkeit der Beteiligung zu erleichtern, und sie veröffentlicht auch keine Antwortpolitik für E-Mail-Kontakte. Darüber hinaus verfügt die Website weder über ein Instrument zur Erhebung der Zufriedenheit der Bürger mit den von der Gemeinde angebotenen Dienstleistungen noch über Links zur Bürgerbeteiligung oder Demokratie. Es gibt keinen Platz für die Beteiligung der Öffentlichkeit. Außerdem gibt es keine Instrumente für die Interaktion mit den Bürgern, wie z. B. einen Chat, um politische, wirtschaftliche und soziale Fragen mit den gewählten Vertretern zu diskutieren.

Es wurde festgestellt, dass die meisten der untersuchten Gemeinden in Bezug auf die Bürgerbeteiligung über Websites verfügen, die keine speziellen Bereiche für Beschwerden oder Verbesserungsvorschläge für die Website enthalten. Es ist jedoch erwähnenswert, dass viele einen Link zum Büro des Ombudsmannes haben. Nur wenige haben Newsletter oder Tagesordnungen für Manager auf ihren Websites; wenn doch, dann für spezifische Managementmaßnahmen. Das Vorhandensein von Chats und Foren zur Diskussion politischer Themen wurde in den untersuchten

Gemeinden nicht beobachtet.

4.1.4 Datenschutz- und Sicherheitspraktiken

In Bezug auf Datenschutz- und Sicherheitspraktiken erklärt Mello (2009), dass Websites vertraulich und sicher in ihrer Datenübertragung sein sollten und dass die auf den Websites zur Verfügung gestellten Informationen vor Zugriff, Manipulation und Missbrauch geschützt werden sollten, da die Nutzer, wenn sie das Gefühl haben, dass elektronische Portale sicher sind, es vorziehen werden, mit Regierungsbeamten elektronisch zu interagieren. Holzer und Kim (2005) vertreten die Auffassung, dass die Datenschutz- und Sicherheitspraktiken in zwei Kategorien eingeteilt werden sollten: Datenschutzrichtlinien und Benutzerauthentifizierung. Denselben Autoren zufolge bezieht sich die erste Kategorie auf die Datenschutzerklärungen der Website, die Möglichkeit, persönliche Daten zu reduzieren, die Verwendung von Passwörtern und den E-Mail-Kontakt für Beschwerden und Kritiken. Die zweite bezieht sich auf den Zugang zu öffentlichen Informationen in einem bestimmten Bereich, für den ein Passwort erforderlich ist, und auf den Zugang zu nicht-öffentlichen Informationen für Server in einem eingeschränkten Bereich, für den ein Passwort und eine Registrierung erforderlich sind.1 Im Folgenden werden die besten und schlechtesten Indizes für Datenschutz- und Sicherheitspraktiken aufgeführt:

Tabelle 4 - Gemeinden mit den besten und schlechtesten Ergebnissen bei den Datenschutz- und Sicherheitspraktiken

Gemeinden	PPS	Gemeinden	PPS
Porto Velho	16,665	Monte Negro	9,999
Ariquemes	12,221	Itapuã do Oeste	9,999
Alvorada D'oeste	12,221	Gouverneur Jorge Teixeira	9,999
Cacoal	12,221	Cujubim	9,999
Cacaulândia	12,221	Costa Marques	9,999
Ji-Paraná	12,221	Corumbiara	9,999
Pimenta Bueno	12,221	Colorado do Oeste	9,999
Präsident Medici	12,221	Kastanienbäume	9,999
Rolim de Moura	12,221	Cabixi	9,999
Vilhena	12,221	Campo Novo	8,888

Quelle: Forschungsdaten

Die folgenden Diagramme zeigen die Gemeinden mit den höchsten Punktzahlen für Datenschutz und Sicherheitspraktiken:

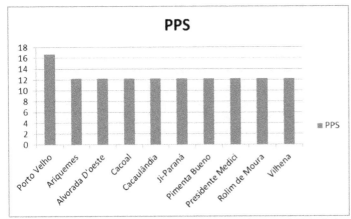

Figura 8   - Größtes IGEM - Datenschutz- und Sicherheitspraktiken

Quelle: Forschungsdaten

Dieses Diagramm zeigt die Gemeinden mit den niedrigsten Werten für Datenschutz und Sicherheitspraktiken, wie in der folgenden Grafik zu sehen ist:

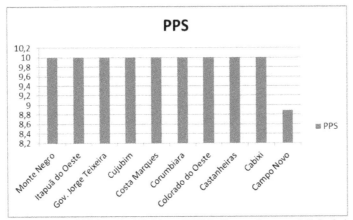

Abbildung 9 - Niedrigste IGEM - Datenschutz- und Sicherheitspraktiken

Quelle: Forschungsdaten

Tabelle 4 zeigt, dass unter den untersuchten Gemeinden die Hauptstadt Porto Velho mit 16,665 Punkten am besten abschnitt, gefolgt von Ariquemes, Alvorada do Oeste, Cacoal und Cacaulândia, alle mit (12,221) Punkten. Monte Negro mit (8,888) Punkten, gefolgt von Itapuã do Oeste, Governador Jorge Teixeira, Cujubim, Costa Marques, alle mit (9,999) Punkten, waren die Gemeinden, die die niedrigste Punktzahl für diese E-Governance-Praxis erhielten. Zusätzlich zu den Informationen in Tabelle 4 betrug die durchschnittliche Punktzahl, die die Gemeinden für diese Praxis erhielten, 10,426.

Campo Novo de Rondônia schränkt den Zugang zu den Daten nicht ein und garantiert, dass diese nicht für unbefugte Zwecke verwendet werden, indem es Passwörter, die Verschlüsselung sensibler Daten und Prüfverfahren einsetzt und freien Zugang zu öffentlichen Informationen gewährt, ohne dass eine digitale Signatur oder ein Passwort erforderlich ist. Die Datenschutzpolitik wird auf der Seite nicht angegeben, noch werden die Praktiken, die vor und/oder nach der Sammlung der Informationen durchgeführt werden, zur Verfügung gestellt, und es gibt keine E-Mail oder Kontakt für Beschwerden über die Datenschutzpolitik.

Die Website der Gemeinde Cabixi enthält keine Angaben zum Datenschutz, so dass es keinen Ansprechpartner für Beschwerden oder Kritik an der Datenschutzpolitik gibt. Sie informiert uns nicht über die Praktiken vor dem Sammeln von Informationen und hätte angeben müssen, zu welchem Zweck die Informationen gesammelt werden und zu welchem Zweck sie erhalten werden. Öffentliche Informationen sind ohne Passwörter zugänglich, während private Informationen mit Passwörtern eingeschränkt sind.

Die Analyse der Datenschutz- und Sicherheitspraktiken auf den Websites der untersuchten Gemeinden ergab, dass die überwiegende Mehrheit der Websites nicht über die Praktiken vor oder nach der Datenerhebung informiert und nicht angibt, welche Stelle die Daten erhält, welchen Zweck die Daten haben, wer die potenziellen Empfänger sind, welcher Art die Daten sind, wie sie erhoben werden usw.

Die auf den Websites zur Verfügung gestellten öffentlichen Informationen sind frei zugänglich und erfordern keine Passwörter oder digitalen Signaturen zur Identifizierung der Nutzer, und nur wenige Gemeinden verfügen über einen Raum, in dem Beamte nicht-öffentliche Informationen einsehen können.

4.1.5 Praktiken für Benutzerfreundlichkeit und Zugänglichkeit

In Bezug auf die Praxis der Benutzerfreundlichkeit und Zugänglichkeit argumentiert Mello (2009), dass elektronische Portale so aufgebaut sein sollten, dass Nutzer, die mit solchen Seiten nicht vertraut sind, die gesuchten Informationen auf den Portalen leicht finden und alle Aktionen im Zusammenhang mit E-Governance durchführen können. Holzer und Kim (2005) unterteilen die Praktiken der Benutzerfreundlichkeit und Zugänglichkeit in vier Bereiche: traditionelle Seiten (Größe der Homepage, personalisierte Kanäle für jedes Zielpublikum, anklickbare Links auf der Homepage für alle Seiten, Sitemap, Datum der letzten Aktualisierung), Formulare (Bereitstellung von PDF-Dateien, über Tasten oder Cursor zugängliche Formulare), Suchwerkzeuge (Suchbegriff auf der Homepage für alle Sekretariate) und Zugangsbehinderungen (Inhalte in mehr als einer Sprache, Audioinhalte mit Untertiteln, Zugang zur Website über die Tastatur).Tabelle 5 zeigt die Gemeinden mit den besten und schlechtesten Praktiken in Bezug auf Benutzerfreundlichkeit und Zugänglichkeit:

Tabelle 5 - Gemeinden mit den besten und schlechtesten Werten für Benutzerfreundlichkeit und Barrierefreiheit

Gemeinden	PUA	Gemeinden	PUA
Porto Velho	11,368	Cabixi	7,056
Vilhena	9,408	Monte Negro	7,056
Ariquemes	9,016	Aussichtspunkt auf die Berge	7,056
Ji-Paraná	9,016	Buritis	7,056
Präsident Medici	8,624	Campo Novo	7,056
Espigão do Oeste	8,232	Kastanienbäume	7,056
Teixeirópolis	8,232	Corumbiara	7,056
Alvorada do Oeste	7,84	Itapuã do Oeste	6,664
Cacoal	7,840	Beil	6,664
Cacaulândia	7,840	Minister Andreazza	6,272

Quelle: Forschungsdaten

Wir haben die Gemeinden mit den höchsten Punktzahlen für Benutzerfreundlichkeit und Zugänglichkeit ermittelt, was in der folgenden Grafik zu sehen ist:

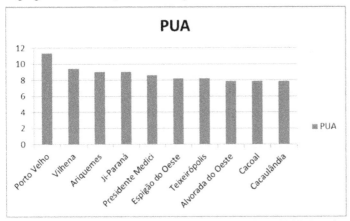

Figura 10   - IGEM-Hauptfächer - Praxis der Benutzerfreundlichkeit und Zugänglichkeit

Quelle: Forschungsdaten

Auch die Gemeinden mit den niedrigsten Werten für Benutzerfreundlichkeit und Zugänglichkeit sind in der folgenden Grafik zu sehen:

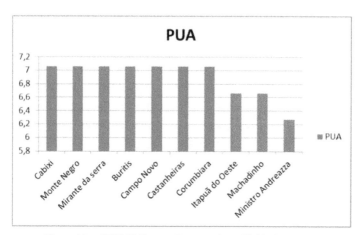

Figura 11   - IGEM Minors - Benutzerfreundlichkeit und Zugänglichkeit in der Praxis

Quelle: Forschungsdaten

Die Gemeinden mit den besten und schlechtesten Bewertungen für Benutzerfreundlichkeit und Zugänglichkeit sind in Tabelle 5 aufgeführt. Die maximale Punktzahl für dieses Verfahren beträgt 20 Punkte.

Tabelle 5 zeigt, dass unter den untersuchten Gemeinden Porto Velho mit 11,368 Punkten am besten abschnitt, gefolgt von Vilhena (9,408), Ariquemes (9,016), Ji-Paraná (9,016) und Presidente Médici (8,624). Ministro Andreazza war die Gemeinde mit der niedrigsten Punktzahl (6,272), gefolgt von Machadinho do Oeste, Itapuã do Oeste, Corumbiara und Castanheira, die in dieser E-Governance-Praxis ebenfalls nicht gut abschnitten. Zusätzlich zu den Informationen in Tabelle 5 betrug die durchschnittliche Punktzahl, die die Gemeinden für diese Praxis erreichten, 7,206.

Auf der Website von Ministro Andreazza gibt es keinen Bereich, der ausschließlich für bestimmte Benutzergruppen, wie z. B. Bürger oder Unternehmen, reserviert ist. Es gibt keine Gliederung oder Karte der Website, die den Zugang zu Informationen erleichtern würde. Es wurde auch festgestellt, dass die Website nicht über einen Bereich für die Suche nach spezifischen Informationen verfügt. Was die Videos und/oder Audios betrifft, so gibt es nur ein Video über die Kampagne der Bundesregierung zur Bekämpfung von Crack, das vor über einem Jahr, am 03.02.2014, veröffentlicht wurde.

Vilhena bietet Links zu wichtigen Rubriken und ermöglicht das Herunterladen von institutionellem und informativem Material über die Gemeinde. Es gibt auch Videos und Fotos von den Aktivitäten der Gemeinde, aber die Videos sind nicht untertitelt. Außerdem gibt es weder einen

Link zur Barrierefreiheit noch eine Möglichkeit, die Website in einer anderen Sprache als Portugiesisch anzuzeigen.

Die Analyse der Benutzerfreundlichkeit und der Zugänglichkeit ergab, dass die meisten kommunalen Websites eine Karte oder einen Überblick über die Website haben, um das Auffinden von Informationen zu erleichtern, sowie einen Bereich für die Suche nach Informationen auf der kommunalen Website selbst. Es wurde jedoch festgestellt, dass es keinen Mechanismus für den Zugang zu Informationen für Menschen mit besonderen Bedürfnissen gibt. Außerdem sind die Websites nur auf Portugiesisch verfügbar, und es wurden keine Transkriptionen in andere Sprachen gefunden.

4.2 Elektronischer Governance-Index für Gemeinden im Bundesstaat Rondônia

Auf der Grundlage der Websites der untersuchten Gemeinden und der von Mello (2009) vorgeschlagenen Methodik wurden die IGEMs für die kommunalen Einheiten ermittelt, die zu den untersuchten Gemeinden gehören. Tabelle 6 zeigt die Gemeinden mit dem besten IGEM, in absteigender Reihenfolge der Punktzahl, sowie die Ergebnisse der Praktiken in jeder Kategorie, aus denen sich dieser Index zusammensetzt:

Tabelle 6 - Gemeinden mit der höchsten IGEM

Gemeinden	PCON	PSER	PPC	PPS	PUA	IGEM
Porto Velho	11,79	14,544	7,134	16,670	11,370	61,508
Ariquemes	9,741	17,574	6,668	12,221	9,016	55,220
Ouro Preto	9,229	13,332	6,001	13,332	9,840	51,734
Vilhena	9,228	14,544	6,001	12,221	9,408	51,402
Ji-Paraná	9,229	13,938	6,668	12,221	9,016	51,072
Cacoal	9,229	15,756	5,335	12,221	7,840	50,381
Pimenta Bueno	9,229	13,938	6,001	13,332	7,840	50,340
Alvorada D'oeste	9,229	14,544	4,668	12,221	7,840	48,502
Alta Floresta	9,742	12,726	5,335	12,221	8,232	48,256
Präsident Medici	9,229	12,120	4,668	12,221	8,624	46,862

Quelle: Forschungsdaten

Tabelle 6 zeigt, dass von den untersuchten Gemeinden Porto Velho mit 61,508 % der umgesetzten E-Governance-Praktiken den höchsten IGEM-Wert aufweist, gefolgt von Ariquemes (55,223 %), Outo Preto (51,734 %), Vilhena (51,402 %) und Ji-Paraná mit 51,072 % der auf den Websites beobachteten Praktiken. Es sei darauf hingewiesen, dass von den 10 Gemeinden mit dem besten IGEM nur zwei (Alta Floresta und Alvorada do Oeste) an der Autobahn BR 364 gelegen sind.

Diese Ergebnisse zeigen, dass die Gruppe mit den besten IGEM-Werten sehr nahe beieinander liegt, was durch den Vergleich des Prozentsatzes der Praktiken der Gemeinde mit dem besten Index (61,508 %) und der Gemeinde mit dem fünfzehnten IGEM (46,682 %) analysiert werden kann, was darauf hindeutet, dass sich die Portale dieser zehn Gemeinden in ähnlichen Stadien der E-Governance-Einführung befinden.

Dies bedeutet jedoch nicht, dass diese Gemeinden ein gutes Niveau der E-Governance aufweisen. Tatsächlich wurde festgestellt, dass die Portale ein geringes Maß an Governance aufweisen und die Beteiligung der Bürger am Regierungshandeln nicht fördern. Dies ist das Hauptmerkmal von E-Governance, und angesichts der beobachteten Situation ist festzustellen, dass die untersuchten Gemeinden dem E-Government näher stehen, da die überwiegende Mehrheit von ihnen der Gesellschaft nur Informationen und Dienstleistungen zur Verfügung stellt, ohne andererseits die Beteiligung der Gesellschaft an der öffentlichen Verwaltung und der Durchführung der sozialen Kontrolle zu fördern.

Tabelle 7 zeigt in aufsteigender Reihenfolge die Gemeinden mit den niedrigsten IGEM-Werten sowie die Ergebnisse der Praktiken in den einzelnen Kategorien, aus denen sich dieser Index zusammensetzt.

Tabelle 7 - Gemeinden mit dem niedrigsten IGEM

Gemeinden	PCON	PSER	PPC	PPS	PUA	IGEM
Gouverneur Jorge Teixeira	8,205	10,908	4,002	9,999	6,664	39,778
Campo Novo	7,179	12,12	4,669	8,888	7,056	39,912
Cabixi	7,179	10,908	4,668	9,999	7,448	40,202
Itapuã do Oeste	7,691	11,514	4,001	9,999	7,056	40,261
Kastanienbaum	7,691	11,514	4,002	9,999	7,056	40,262
Neue Union	8,204	11,514	4,002	9,999	7,056	40,775
Monte Negro	8,205	11,514	4,668	9,999	6,664	41,050
Vale do Paraiso	8,204	11,514	4,001	9,999	7,448	41,166
Parecis	8,204	11,514	4,002	9,999	7,448	41,167
Corumbiara	8,716	11,514	4,001	9,999	7,056	41,286

Quelle: Forschungsdaten

Tabelle 7 zeigt, dass Governador Jorge Teixeira mit 39,778 % der umgesetzten E-Governance-Praktiken die Gemeinde mit dem niedrigsten IGEM-Wert war, gefolgt von Campo Novo de Rondônia (39,912 %), Cabixi (40,202 %), Itapuã do Oeste (40,261 %) und Castanheira (40,262 %). Es ist erwähnenswert, dass der prozentuale Unterschied bei der Umsetzung von E-Governance-Praktiken zwischen der Gemeinde Governador Jorge Teixeira auf Platz 52 und der Gemeinde Corumbiara auf Platz 42 weniger als 2 Punkte beträgt. weniger als 2 Prozentpunkte beträgt, um genau zu sein (1,508%).

Anhand dieser Ergebnisse konnte festgestellt werden, dass diese Gemeinden nur wenige E-Governance-Praktiken eingeführt haben und dass es keine signifikanten Unterschiede zwischen den Praktiken der untersten zehn Gemeinden gibt, während die beiden besten Gemeinden (Porto Velho und Ariquemes) bei der Einführung von E-Governance weiter fortgeschritten sind als die beiden untersten (Governador Jorge Teixeira und Corumbiara). Dies wird deutlich, wenn man die Werte der Gemeinden Porto Velho (61,508 %) und Governador Jorge Teixeira (39,778 %) vergleicht, die die höchsten bzw. niedrigsten IGEM-Werte aufweisen.

Zusätzlich zu diesen Informationen verfügten die befragten Gemeinden im Durchschnitt über 44,212 % der E-Governance-Verfahren.

Diese Ergebnisse zeigen, dass die Gemeinden die in der Literatur diskutierten Governance-Praktiken nicht anwenden, was deutlich macht, dass diese Gemeinden erkennen müssen, dass die bloße Implementierung von Informationstechnologien ohne Ermutigung der Gesellschaft zur Teilnahme keine Interaktion zwischen Regierung und Gesellschaft garantiert, was es schwierig macht, einen zweiseitigen Kommunikationskanal zu etablieren, der eine effektive soziale Kontrolle fördert.

Für die Identifizierung des von Pinho, Iglesias und Souza (2005) vorgeschlagenen Konzepts ist es daher von wesentlicher Bedeutung, dass Mechanismen zur Förderung der Beteiligung der Öffentlichkeit an der Verwaltung öffentlicher Aktivitäten eingeführt werden, denn nach Ansicht dieser Autoren sollten Websites mehr sein als nur ein Mittel, um Dienstleistungen online verfügbar zu machen, sie sollten eine Maßnahme zur politischen Befähigung der Gesellschaft sein, die eine stärkere Beteiligung der Bevölkerung an der Ausübung der Bürgerrechte ermöglicht. Dieses Instrument der sozialen Kontrolle sollte Informationen bereitstellen, die dazu dienen, demokratischere und transparentere Beziehungen zwischen der Regierung und der Bevölkerung zu fördern.

Die Analyse der elektronischen Portale der 52 Gemeinden, die an der Studie teilgenommen haben, hat gezeigt, dass in diesen öffentlichen Einrichtungen eine Informationsasymmetrie besteht, da die Bereitstellung von Informationen für die Gesellschaft noch in den Anfängen steckt. Dies führt dazu, dass nur die Führungskräfte der öffentlichen Verwaltung Zugang zu einer größeren Menge an Informationen über die Verwaltung haben, so dass es für die Bürger unmöglich ist, alle Handlungen der Verantwortlichen zu kontrollieren.

Die in den untersuchten Gemeinden dargestellte Transparenz der öffentlichen Verwaltung stellt nur den Aspekt der Transparenz in Bezug auf die Bereitstellung von Informationen dar.

Es wurde festgestellt, dass die Websites wenig Informationen bieten und dass die zur Verfügung gestellten Informationen für die Nutzer nicht leicht zugänglich sind. Die Informationen sollten in einer klaren, objektiven Sprache und ohne größere Schwierigkeiten präsentiert werden, damit Nutzer, die mit diesen Websites nicht vertraut sind, die gesuchten Informationen auf den Portalen leicht finden und an der öffentlichen Verwaltung teilnehmen können.

Es wurde festgestellt, dass die untersuchten Gemeinden nicht über eine gute Regierungsführung verfügen, da sie keine offenen, transparenten Regierungen sind, die über Instrumente verfügen, die die soziale Kontrolle und eine enge Beziehung zwischen Regierung und Bürgern fördern. Es wurde auch festgestellt, dass die untersuchten Websites keine Instrumente zur Verfügung stellen, die es der Gesellschaft ermöglichen, in den Entscheidungsprozess einzugreifen, eine Situation, die die Beteiligung der Bevölkerung an der öffentlichen Verwaltung dieser Gemeinden schwächt.

Darüber hinaus wurde festgestellt, dass die Gemeinden die in der Literatur diskutierten Governance-Praktiken nicht anwenden, was deutlich macht, dass diese Gemeinden erkennen müssen, dass die bloße Einführung von Informationstechnologien ohne die Förderung der Beteiligung der Gesellschaft keine Interaktion zwischen Regierung und Gesellschaft garantiert und einen zweiseitigen Kommunikationskanal verhindert, der eine effektive soziale Kontrolle fördert.

Daher ist es wichtig, dass diese Websites Mechanismen enthalten, die die Beteiligung der Öffentlichkeit an der Verwaltung öffentlicher Aktivitäten fördern, da Portale mehr sein sollten als nur ein Mittel, um Dienste online verfügbar zu machen; sie sollten eine Maßnahme zur politischen Befähigung der Gesellschaft sein, die eine stärkere Beteiligung der Bevölkerung an der Ausübung der Bürgerrechte ermöglicht.

Die Ergebnisse dieser Untersuchung bestätigen die Empfehlungen von (FREY, 2000; GOMES, 2005; RUEDIGER, 2002), die in ihren Studien feststellten, dass elektronische Regierungsportale vorherrschen, die der Bevölkerung nur öffentliche Dienstleistungen anbieten, mit oberflächlichen Informationsumgebungen und ohne Instrumente, die die Beteiligung der Gesellschaft an der Regierungsverwaltung fördern.

Auf diese Weise haben Regierungsportale eher E-Government-Merkmale und sind noch weit von einer E-Governance entfernt, die in der Lage ist, die Stadtverwaltung umzustrukturieren und neue Formen der Interaktion zwischen Regierungsbeamten und Bürgern zu ermöglichen, da es an Anreizen für die Beteiligung der Bevölkerung an Regierungsentscheidungen mangelt, die der grundlegende Bestandteil einer guten E-Governance ist.

KAPITEL 5

ABSCHLIESSENDE ÜBERLEGUNGEN

Ziel der Studie war es, die E-Governance-Indizes der Gemeinden in Rondônia zu bewerten. Zu diesem Zweck wurden folgende spezifische Ziele definiert: a) Identifizierung der E-Governance-Praktiken, die von den untersuchten Gemeinden umgesetzt werden; b) Berechnung der E-Governance-Indizes der untersuchten Gemeinden; und c) Analyse der E-Governance der untersuchten Gemeinden anhand der in der Studie ermittelten Indizes.

In Bezug auf die inhaltlichen Praktiken wurde festgestellt, dass die Mehrheit der Gemeinden Informationen über kommunale Regeln und Vorschriften präsentiert, ohne detaillierte Informationen über ihren Haushalt und die finanzielle Ausführung zu geben.

In Bezug auf die Servicepraktiken wurde festgestellt, dass die meisten der untersuchten Websites zwar Instrumente zur Erlangung von Negativbescheinigungen, zur Ausstellung von Steuerformularen und Mechanismen zur Einreichung von Beschwerden anbieten, jedoch nicht die Identifizierung der für die Website verantwortlichen Person für eine spätere Kontaktaufnahme und Informationen über die Wirtschafts-, Bildungs- oder Sozialindikatoren der Gemeinden vorsehen und es den Steuerzahlern nicht ermöglichen, die Berechnung der Steuern zu simulieren oder die entsprechenden Beträge *online zu bezahlen.*

Es wurde festgestellt, dass die meisten der untersuchten Gemeinden in Bezug auf die Bürgerbeteiligung über Websites verfügen, die keine speziellen Bereiche für Beschwerden oder Verbesserungsvorschläge für die Website enthalten. Es ist jedoch erwähnenswert, dass viele einen Link zum Büro des Ombudsmannes haben. Nur wenige haben Newsletter oder Tagesordnungen für Manager auf ihren Websites; wenn doch, dann für spezifische Managementmaßnahmen. Das Vorhandensein von Chats und Foren zur Diskussion politischer Themen wurde in den untersuchten Gemeinden nicht beobachtet.

Hinsichtlich der Datenschutz- und Sicherheitspraktiken wurde festgestellt, dass die überwiegende Mehrheit der Websites nicht über die Praktiken vor oder nach der Datenerhebung informiert und nicht angibt, welche Organisation die Informationen erhält, welchen Zweck die Informationen haben, wer die potenziellen Empfänger sind, welcher Art die Informationen sind, mit welchen Mitteln sie erhoben werden usw. Die auf den Websites zur Verfügung gestellten öffentlichen Informationen sind frei zugänglich und erfordern keine Passwörter oder digitalen Signaturen zur Identifizierung ihrer Nutzer, und nur wenige Gemeinden verfügen über einen Bereich, in dem Beamte nicht-öffentliche Informationen einsehen können.

In Bezug auf Benutzerfreundlichkeit und Zugänglichkeit wurde festgestellt, dass die meisten Gemeinden über Webseiten mit einer Karte oder einem Überblick über die Website verfügen, um das Auffinden von Informationen zu erleichtern, sowie über ein Feld für die Suche nach Informationen auf der gemeindeeigenen Website.

Es wurde jedoch festgestellt, dass es keinen Mechanismus für den Zugang zu Informationen für Menschen mit besonderen Bedürfnissen gibt. Darüber hinaus sind die Websites nur in Portugiesisch verfügbar, und es wurden keine Transkriptionen in andere Sprachen angezeigt.

Es wurde festgestellt, dass die meisten der untersuchten Gemeinden ihre öffentlichen Konten, wenn auch nur teilweise, auf ihren eigenen Websites oder auf den Websites anderer Organisationen veröffentlichen. Viele der untersuchten Einrichtungen stellten nur die Jahresabschlüsse für das vorangegangene Haushaltsjahr zur Verfügung, wobei Informationen über die Entwicklung ihrer Steuererhebung und allgemeine Informationen über offene Ausschreibungsverfahren fehlten.

Das zweite spezifische Ziel der Studie wurde erreicht, indem die E-Governance-Indizes der untersuchten Gemeinden ermittelt wurden, basierend auf der Summe der Ergebnisse für jede der fünf auf den Websites analysierten Governance-Praktiken. Am Ende der Studie wurde festgestellt, dass unter den untersuchten Gemeinden Porto Velho mit 61,50 % der umgesetzten E-Governance-Praktiken den höchsten IGEM-Wert aufweist, gefolgt von Ariquemes (55,22 %), Ouro Preto (51,73 %), Vilhena (51,40 %) und Ji-Paraná mit (51,07 %) der auf den Websites beobachteten Praktiken. Gouverneur Jorge Teixeira war derjenige mit der niedrigsten IGEM-Punktzahl, mit (39,77%) der umgesetzten E-Governance-Praktiken, gefolgt von Campo Novo de Rondônia (39,91%), Cabixi (40,20%), Itapuã do Oeste (40,26%) und Castanheira, mit (40,26%) der an den Standorten beobachteten Praktiken.

Das dritte spezifische Ziel wurde erreicht, indem auf der Grundlage der in der Untersuchung gefundenen E-Governance-Indizes Rückschlüsse auf die E-Governance gezogen wurden. Zu diesen Analysen gehören Portale, die ein niedriges Governance-Niveau aufweisen und die Bürger nicht zur Beteiligung an Regierungsmaßnahmen ermutigen. Dies ist das Hauptmerkmal von E-Governance, und in Anbetracht der beobachteten Situation ist festzustellen, dass die untersuchten Gemeinden dem E-Government näher stehen, da die überwiegende Mehrheit von ihnen nur Informationen und Dienstleistungen für die Gesellschaft bereitstellt, ohne andererseits die Beteiligung der Gesellschaft an der öffentlichen Verwaltung und die Durchführung der sozialen Kontrolle zu fördern.

Es ist daher von wesentlicher Bedeutung, dass diese Websites Mechanismen zur Förderung der Beteiligung der Öffentlichkeit an der Verwaltung öffentlicher Aktivitäten enthalten, da die Websites mehr als nur ein Mittel zur Online-Bereitstellung von Diensten sein sollten, sie sollten eine Maßnahme zur politischen Befähigung der Gesellschaft sein und eine stärkere Beteiligung der Bevölkerung an der Ausübung der Bürgerrechte ermöglichen.

Es wurde festgestellt, dass die öffentlichen Verwalter der untersuchten Gemeinden bis zu einem gewissen Grad *Rechenschaft ablegen,* da sie Informationen über ihre Handlungen verbreiten, aber nicht so detailliert, dass die Öffentlichkeit die in den Erklärungen enthaltenen Informationen bewerten, den Erfolg der öffentlichen Finanzverwaltung analysieren und die Beteiligung der Gesellschaft an öffentlichen Anhörungen im Prozess der Erstellung und Umsetzung von Plänen, des Haushaltsrichtliniengesetzes und der Haushalte fördern kann.

Das vierte spezifische Ziel wurde durch die Messung der berechneten Indizes und die Erstellung einer Rangliste der Gemeinden erreicht, die in Anhang 2 - IGEM-Ergebnisse der untersuchten Gemeinden - dargestellt ist, beginnend mit dem höchsten Wert, der Gemeinde Porto Velho mit 61,50, und allen anderen, bis hin zum niedrigsten Wert, der Gemeinde Governador Jorge Teixeira mit 39,77.

Daraus lässt sich schließen, dass die Websites der untersuchten Gemeinden mehr E-Government-Merkmale aufweisen und noch weit von einer E-Governance entfernt sind, die in der Lage ist, die Gemeinde umzustrukturieren und neue Formen der Interaktion zwischen Regierungsbeamten und Bürgern zu ermöglichen, da es an Anreizen für die Beteiligung der Bevölkerung an Regierungsentscheidungen mangelt, die der grundlegende Bestandteil einer guten E-Governance ist.

Darüber hinaus wurde festgestellt, dass die Gemeinden auf ihren elektronischen Portalen keine Informationen bereitstellen, die es den Bürgern ermöglichen, sich über die Finanzverwaltung ihrer Gemeinden zu informieren, da festgestellt wurde, dass es kommunale Einrichtungen gibt, die die nach geltendem Recht vorgeschriebenen Rechnungsabschlüsse nicht in transparenter und leicht verständlicher Weise offenlegen, und dass auf den Websites kein Anreiz für die Gesellschaft zu erkennen ist, sich an der kommunalen Verwaltung zu beteiligen.

Damit die Bürgerinnen und Bürger dem Handeln der öffentlichen Verwaltung Glauben schenken, ist es daher unabdingbar, dass sie beginnen, eine soziale Kontrolle über die Verwendung der öffentlichen Mittel auszuüben, und damit diese Kontrolle entwickelt werden kann, ist es von grundlegender Bedeutung, dass die Gesellschaft Informationen über die Verwendung dieser Mittel erhält. Damit diese Informationen weitergegeben werden können, muss die öffentliche Verwaltung über ein gut strukturiertes Verwaltungssystem verfügen, das in der Lage ist, den Bürgern die Verwaltungsakte und Fakten in ihren Rechnungslegungs- und Managementberichten zu präsentieren.

Auf diese Weise müssen die Regierungen objektiv und klar Rechenschaft ablegen, damit die Gesellschaft eine wirksame Kontrolle über das Handeln der staatlichen Verwalter ausüben kann. Wenn Finanz- und Rechnungsabschlüsse transparent und leicht verständlich gemacht werden, können sie zu einer stärkeren sozialen Kontrolle durch die Gesellschaft beitragen.

Es wird empfohlen, weitere Untersuchungen durchzuführen, um zu sehen, wie E-Governance in anderen Gemeinden, die nicht untersucht wurden, umgesetzt wird, und um die Gründe zu beobachten, die es den öffentlichen Einrichtungen unmöglich machen, E-Governance wirksamer umzusetzen, da es die Arbeitsweise der Verwaltung transparenter macht und den verschiedenen gesellschaftlichen Gruppen eine effiziente und wirksame Kontrolle der Gemeinde ermöglicht, was zu einer aktiveren sozialen Kontrolle führt.

KAPITEL 6

REFERENZEN

ALVES, M.V.; DUFLOTH, S. C. Elektronische Beschaffungsportale der öffentlichen Verwaltung: ein Beitrag zur Bewertung der elektronischen Verwaltung in Brasilien. **Revista Gestão & Tecnologia,** Pedro Leopoldo, v.8, n.1, S.1-19, jan./jul.2008.

ARAÚJO, Wagner Frederico Gomes de; GOMES, Marco Paulo Soares. **Elektronische Regierungsführung in Lateinamerika: Können wir eine elektronische Demokratie erwarten?** *In:* IUPERJ/UFMG Forum: Demokratie und Entwicklung in Lateinamerika, 12/11/2004, Rio de Janeiro. **Proceedings...** Rio de Janeiro, 2004. Verfügbar unter: <http://neic.iuperj.br/GovernancaEletronicaNaAmericaLatina_Final.doc>. Abgerufen am: 25/05/2015.

BALESTRIN, Alsones; ARBAGE, Alessandro Porporatti. **Die Perspektive der Transaktionskosten bei der Bildung von Kooperationsnetzwerken. RAE-eletrônica,** v. 6, n. 1, jan./jun. 2007.

BARDILL, John E. Towards a culture of good governance: the presidential review commission and public service reform in South Africa. **Öffentliche Verwaltung und Entwicklung,** V. 20, Nr. 2, S. 103-118, 2000.

BENTO, L. V. **Governança e Governabilidade na Reforma do Estado: entre eficiência e democratização.** São Paulo: Manole, 2003.

BERNABEL, R. T. **Teoria da Escolha Publica: uma introdução crítica.** 2009.88f. (Master-Abschluss in Politikwissenschaft), Universität São Paulo, 2009.

BERTOT, John Carlo; JAEGER, Paul T. **The e-government paradox: better customer service doesn't necessarily cost less.** Government Information Quarterly, v. 25, n. 2, S. 149154, 2008.

BORGES, Jussara; NASCIMENTO, Joanice; SILVA, Helena Pereira da. Analyse der auf dem Dienstleistungs- und Informationsportal der föderalen Regierung verfügbaren Informationen. In: ENCONTRO NACIONAL DE CIÊNCIA DA INFORMAÇÃO - CINFORM, 6., 2005, Salvador. **Proceedings...** Salvador, 2005. Verfügbar unter: <http://dici.ibict.br/archive/00000526/01/JoaniceJussaraHelena.pdf>. Zugriff am: 24/05/2015.

BORINELLI, Marcio Luiz. **Grundlegende konzeptionelle Struktur des Controllings**: Systematisierung im Lichte von Theorie und Praxis. São Paulo, 2006. Dissertation (PhD in Rechnungslegungswissenschaften) - Postgraduiertenprogramm in Rechnungslegungswissenschaften, Fachbereich Rechnungswesen und Versicherungswesen, Fakultät für Wirtschaft, Verwaltung und Rechnungswesen, Universität São Paulo.

BORSANI, H. Beziehungen zwischen Politik und Wirtschaft: Public Choice Theory. In: BIDERMAN, Ciro und ARVATE, Paulo (Org). **Wirtschaft des öffentlichen Sektors in Brasilien.** Rio de Janeiro: Elsevier, 2004.

BRESSER-PEREIRA, Luiz Carlos. **Demokratische Beschränkung bei der Reform der öffentlichen Verwaltung.** Verfügbar unter :< http://www.bresserpereira.org.br/papers/2002/02-75Restti%C3%A7%C3%A3oDemocrattca.p.pdf>.

BUCHANAN, D. Anforderungen, Instabilitäten, Manipulationen, Karrieren: Die gelebte Erfahrung, Veränderungen voranzutreiben. **Human Relations**, v.56, n. 6, S.663-684. 2003.

BUDHIRAJA, R. **Elektronisches Regieren**: eine Schlüsselfrage des 21. Jahrhunderts. Verfügbar unter <http://unpan1.un.org/intradoc/groups/public/documents/apcity/unpan003628.pdf>, abgerufen am 18. Januar 2013.

CABRAL, A. M. R. **A vez e a voz das classes populares em Minas**. 1995. 221 f. Dissertation (Doktorat in Kommunikationswissenschaften) - Fakultät für Kommunikation und Kunst, Universität São Paulo, São Paulo, 1995.

CELSO, P. R.; SILVA, S. J.; COELHO, F. S. Comparative analysis of e-governance policies in the bric(s). **Revista Debates**, Porto Alegre, v.6, n.2, p. 37-63, mai./ago. 2012.

CHAHIN, Ali; CUNHA, Maria Alexandra; KNIGHT, Peter T.; PINTO, Sólon Lemos. **E- gov.br:** die nächste brasilianische Revolution: Effizienz, Qualität und Demokratie: elektronische Verwaltung in Brasilien und weltweit. São Paulo: Prentice Hall, 2004.

CHOUDRIE, Jyoti; GHINEA, Gheorgita; WEERAKKODY, Vishanth. Bewertung globaler E-Government-Websites: eine Betrachtung mit Hilfe von Web-Diagnosetools. **Elektronische Zeitschrift für E-Government**, v. 2, n. 2, S. 105-114, 2004.

CIBORRA, Claudio; NAVARRA, Diego D. *Good Governance, Entwicklungstheorie und Entwicklungshilfepolitik: Risiken und Herausforderungen von E-Government in Jordanien.* **Informationstechnologie für Entwicklung**, v. 11, n. 2, S. 141-159, 2005.

CLIFT, Steven. E-Demokratie, E-Governance und öffentliche Netze. Sept./2003. Verfügbar unter: <http://www.publicus.net/articles/edempublicnetwork.html>. Zugriff am: 03/05/2015.

COASE, Ronald. Die Natur des Unternehmens. Economica, [S.l.], v. 4, S. 386-405, 1937.

INTERNET MANAGEMENT COMMITTEE OF BRAZIL - CGI.br. **Umfrage über die Nutzung von Informations- und Kommunikationstechnologien in** Brasilien: IKT-Haushalte und IKT-Unternehmen 2007. São Paulo: 2008. Verfügbar unter:<www.cgi.br>. Abgerufen am: 06/07/2015.

COPEDGE, Michael. **Institutionen und demokratische Regierungsführung in Lateinamerika**. Madrid: Síntesis, 1995.

EUROPARAT. **E-Governance, eine Definition, die alle Aspekte der Verwaltung umfasst**. 2007. Verfügbar unter: <http://www.coe.int/T/E/Com/Files/Themes/evoting/ definition.asp>. Abgerufen am: 10/05/2015.

CRESWELL, J. **Qualitative Inquiry and Research Design:** Choosing among Five Approaches. 2 ed. Thousand Oaks: Sage, 2006.

CRESWELL, JOHN W. **Forschungsprojekt: qualitative, quantitative und gemischte Methoden.** Übersetzung von Magda Lopes; Beratung, Betreuung und technische Überarbeitung dieser 3. Auflage durch Dirceu da Silva. Porto Alegre: Artmed, 2010.

CRUZ, A.A.B.R. Public-Choice-Theorie - ein Überblick über ihre Elemente aus der Sicht von Gordon Tullock in seinem Werk "Government Failure". **Revista Virtual**, v. 9, Jahr 2011.

CRUZ, C. F. **Transparenz in der kommunalen öffentlichen Verwaltung: theoretische Referenzen und die Situation in großen brasilianischen Gemeinden**. 2010. 140f. Dissertation (Master in Rechnungswesen), Bundesuniversität von Rio de Janeiro, 2010.

CRUZ, C. F.; FERREIRA, A. C. de S. Transparenz bei der Vorbereitung, Ausführung und Rechnungslegung des Gemeindehaushalts: eine Studie in einer brasilianischen Gemeinde. **Revista de Contabilidade do Mestrado em Ciências Contábeis da UERJ**, v. 13, n. 2, art. 1, p. 1-14, 2008.

DAGNINO, Renato; COSTA, Greiner. **Vom ererbten Zustand zum notwendigen Zustand.** *In* COSTA, Greiner; DAGNINO, Renato (eds). Strategisches Management in der öffentlichen Politik. Campinas, SP: Editora Alínea, 2013.

DEMO, Pedro. **Theorie - wozu?** Elektronische Zeitschrift für Organisationsmanagement - Gestão.Org, v. 3, n. 2, Mai/Aug, 2005.

DELFORGE, T. C. S. **Öffentliche Verwaltung im Kampf gegen Korruption.** Verfügbar<http://www.cgu.gov.br/concursos/Arquivos/6_ConcursoMonografias/2-Lugar-Universitarios.pdf

DENZIN, N.K.; LINCOLN, Y.S. (eds). **Planning qualitative research: theories and approaches.** 2 ed. Porto alegre: Artimed : Bookman, 2006.

DIAS, M.A. James Buchanan und die Politik der öffentlichen Entscheidung. **Ponto-e-vírgula**, V 6, S. 201217, 2009.

DOWNS, A. **An Economic Theory of Democracy,** New York: Harper and Row, 1957.

FANG, Z. E-Government im digitalen Zeitalter: Konzept, Praxis und Entwicklung. International Journal of The Computer.**The Internet and Management**, v. 10, n.2, S.1-22, 2002.

FERGUSON, M. **E-Government-Strategien: die sich entwickelnde internationale Szene.** In: EISENBERG, J.; CEPIK, M. (Org.). Internet e política: teoria e prática da democracia eletrônica. Belo Horizonte: Editora UFMG, 2008.

FERNANDES, Ciro Campos Christo. E-Government und die Umgestaltung der öffentlichen Verwaltung. *In:* CHAHIN, Ali; CUNHA, Maria Alexandra; KNIGHT, Peter T.; PINTO, Solon Lemos. **E-gov.br**: die nächste brasilianische Revolution: Effizienz, Qualität und Demokratie: elektronische Verwaltung in Brasilien und weltweit. São Paulo: Prentice Hall, 2004.

FILÁRTIGA, Gabriel Braga. **Transaktionskosten, Institutionen und die Kultur der Informalität in Brasilien**. Revista do BNDES, v. 14, n. 28, S. 121-144, 2007.

FLICK, Uwe. **Einführung in die qualitative Forschung**. 3. Auflage. Porto Alegre: Artmed, 2009.

FONTES FILHO, J. R. Organisatorische Governance im öffentlichen Sektor. In: Kongress

CLAD Internationale Konferenz über die Reform des Staates und der öffentlichen Verwaltung, 8, 2003, Panama. **Proceedings**... Panama, 28. bis 31. Oktober 2003.

FORMAINI, R. L. - Die Entstehung der Public Choice Theorie Die Entstehung der Public Choice Theorie. Federal Reserve Bank of Dallas. **Wirtschaftliche Einblicke**, V. 8, Nr. 2, 2005.

FREY, K. (2002). **Elektronische Verwaltung: Erfahrungen aus europäischen Städten und einige Lehren für Entwicklungsländer.** In: EISENBERG, J., & CEPIK, M. (org.) Internet e política: teoria e prática da democracia eletrônica. Belo Horizonte: UFMG.

GALL, Meredith D.; GALL, Joyce P.; BORG, Walter R. **Educational research: an introduction.** 8. ed. USA: Pearson, 2007.

GEORGESCU, Mircea. *Die Regierung im digitalen Zeitalter:* Mythen, Realitäten und Versprechen. Sozialwissenschaftliches Forschungsnetzwerk - SSRN. 2008. Verfügbar unter: <http://ssrn.com/abstract=906587>. Abgerufen am: 08/09/2008.

GHAPANCHI, Amirhossein. **Eine Anwendung des UNPD-Vorschlags für die IT-Entwicklung der iranischen Regierung.** Internationale Zeitschrift für öffentliche Informationssysteme, V. 2, S. 75-87, 2007.

GHOSH, Atanu; ARORA, Nitin. **Die Rolle von E-Governance-Rahmenwerken bei der effektiven Umsetzung.** In: INTERNATIONALE KONFERENZ ÜBER E-GOVERNANCE - ICEG, 3.,2005. Proceedings... Verfügbar unter: <http://web.lums.edu.pk/iceg2005>. Abgerufen am: 10/03/2015.

GIL, A. C. **Métodos e técnicas de pesquisa social.** São Paulo: Atlas, 1999.

GOMES, W. Digitale Demokratie und das Problem der Beteiligung der Bürger an der politischen Entscheidungsfindung. **Revista Fronteiras - estudos mediáticos,** v. 3, S. 214-222, Sept./Dez. 2005

GONZÁLEZ DE GÓMEZ, Maria Nélida. Neue politische Szenarien für die Information. **Ciência da Informação,** Brasília, v. 31, n. 1, S. 27-40, Jan.-Apr. 2002.

GUIMARÃES, T. A.; MEDEIROS, J. J. Die neue öffentliche Verwaltung und Kompetenzmanagement: organisatorischer Wandel und Flexibilität. In: S. M. V. LIMA (org.) **Organisatorischer Wandel:** Theorie und Management. Rio de Janeiro. Fundação Getúlio Vargas, S. 243-266, 2003.

HAYAT, Amir; ROSSLER, Thomas; LEITOLD, Herbert; POSCH, Reinhard. Elektronische Identität: das Konzept und seine Anwendung für E-Government. 3. Internationale Konferenz über EGovernance - ICEG 2005, 9. bis 11. Dezember 2005. **Proceedings...** Verfügbar unter: <http://web.lums.edu.pk/iceg2005>. Abgerufen am: 10/06/2015.

HOLZER, Marc und Kim, Seang-Tae **Digital Governance in Municipalities Worldwide (2005)** A Longitudinal Assessment of Municipal Websites Throughout the World © 2006 National Center for Public Productivit.

JAEGER, Paul T. *Deliberative democracy and the conceptual foundations of electronic government.* **Government Information Quarterly,** v. 22, n. 4, S. 702-719, 2005.

JARDIM, J. M. Governo eletrônico no Brasil: o portal rede governo. **Arquivística. net,** Rio de Janeiro, v. 3, n. 1, S. 28-37, jan./jun. 2007.

KARWAL, Anita; SINGH, Shri J. N.; SHAH, Neeta. E-Governance und Bürgercharta: Eine Agenda für einen wirksamen Umsetzungsmechanismus - Die Erfahrung von Ahmedabad. In: INTERNATIONAL CONFERENCE ON E-GOVERNANCE - ICEG, 3., 2005, **Proceedings...** Verfügbar unter: <http://web.lums.edu.pk/iceg2005>. Abgerufen am: 11/05/2015.

KNEZEVIC, Boris. Neue Formen des Regierens in Südosteuropa: mit besonderem Augenmerk auf Serbien. In: NINTH ANNUAL KOKKALIS PROGRAM GRADUATE STUDENT WORKSHOP, Harvard University's Center for European Studies, Cambridge, MA, **Proceedings...** feb. 2007. Verfügbar unter: <http://ssrn.com/abstract=975218>. Zugriff am: 08/07/2015.

KNIGHT, Peter Titicomb; FERNANDES, Ciro Campos Christo. **E-Brasil** : ein Programm zur Beschleunigung der sozioökonomischen Entwicklung durch Nutzung der digitalen Konvergenz. São Paulo: Yendis Editora, 2006.

KUHN, T. S. **The Structure of Scientific Revolutions**. 9. Auflage. São Paulo: Perspectiva, 2006.

KUPFER, David. **Economia Industrial**: Fundamentos teóricos e práticos no Brasil. 2. ed. Rio de Janeiro: Campus, 2002.

LANE, J. E. **New Public Management**. London: Routledge, 2000.

LOFSTEDT, Ulrica. *E-Government - Bewertung der aktuellen Forschung und einige Vorschläge für zukünftige Richtungen.* **Internationale Zeitschrift für öffentliche Informationssysteme**, V. 1, Nr. 1, S. 3952, 2005.

MACHADO, Nelson et al **GBRSP Ergebnisorientiertes Management im öffentlichen Sektor:** Ein didaktischer Ansatz für die Umsetzung in Rathäusern, Stadtverwaltungen, Gemeinden, Stiftungen und Organisationseinheiten. 1ª. Ausgabe - São Paulo - Atlas, 2012.

MANBER, Udi; PATEL, Ash; ROBISON, John. **Erfahrungen mit Personalisierung auf Yahoo! Communications of the ACM**, v. 43, n. 8, S. 35-39, 2000.

MARCHE, Sunny; MCNIVEN, James D. E-Government und E-Governance: die Zukunft ist nicht mehr das, was sie einmal war. **Canadian Journal of Administrative Sciences**, Halifax, v. 20, n. 1, p. 7486, mar. 2003.

MARTINS, G. de A.; THEÓPHILO, C. R. **Metodologia da investigação científica para ciências sociais aplicadas**. 2. ed. São Paulo: Atlas, 2009.

MEDEIROS. Paulo Henrique Ramos; GUIMARÃES, Tomás de Aquino. **Das Stadium des E-Government in Brasilien im Vergleich zum globalen Kontext**. Revista do Serviço Público, Jahrgang 55, Brasília, 2004. Verfügbar unter: <http://www.ieprev.com.br/>. Abgerufen am: 12. Mai 2015.

MELLO, Gilmar Ribeiro de. **Untersuchung der Praktiken der elektronischen Verwaltung**: ein Kontrollinstrument für die Entscheidungsfindung in der Verwaltung der brasilianischen Bundesstaaten. Dissertation. Universität von São Paulo - USP. Fakultät für Wirtschaft, Verwaltung und Rechnungswesen

(2009). Verfügbar unter: <http://www.teses.usp.br/teses/disponiveis/12/12136/tde-11052014-102145/de-br.php>.

MELLO, G.R. de, & SLOMSKI, V. (2010). **E-Governance-Index der brasilianischen Bundesstaaten (2009): in der Exekutive**. Zeitschrift für Informationssysteme und Technologiemanagement, 7(2), S. 375-408.

MIMICOPOULOS, Michael G.; KYJ, Lada; SORMANI, Nicolas; BERTUCCI, Guido; QIAN, Haiyan. **Indikatoren für die öffentliche Verwaltung**: eine Literaturübersicht. New York: ST/ESA/PAD/SER.E/100, Vereinte Nationen, 2007.

MINOGUE, M.; POLIDANO, C.; HULME, D. Einleitung: Die Analyse der öffentlichen Verwaltung und der Governance. In: MINOGUE, M.; POLIDANO, C.; HULME, D. (Ed.). Beyond the new public management: changing ideas and practices in governance. Cheltenham: Edward Elgar, 1998. S.1-14.

MONTGOMERY, C. A.; KAUFMAN, R. The missing link of the board. Harvard Business **Review América Latina**, Santiago, v.81, n.3, p.62-69, mar.2003.

MOON, M. Jae. *Die Entwicklung von E-Government in den Gemeinden: Rhetorik oder Realität?*

Zeitschrift für öffentliche Verwaltung, V. 62, Nr. 4, S. 424-433, 2002.

MUELLER, D. C. Public Choice 11. USA: Cambridge University Press, 1989.

VEREINTE NATIONEN. Benchmarking von E-Government: eine globale Perspektive. New York: United Nations - Division for Public Economics and Public Administration, American Society for Public Administration, 2002.

NATH, Vikas. Digitale Governance-Modelle: Auf dem Weg zu guter Regierungsführung in Entwicklungsländern. Innovation Journal, Apr. 2003. Verfügbar unter: <HTTP://www.innovation.cc/volumes-issues/nath-digital.pdf>. Abgerufen am: 06.02.2014.

ODENDAAL, Nancy. Informations- und Kommunikationstechnologie und lokale Verwaltung: Verständnis des Unterschieds zwischen Städten in entwickelten und aufstrebenden Volkswirtschaften. Computer, Umwelt und urbane Systeme, v. 27, n. 6, S. 585-607, 2003.

OKOT-UMA, Rogers W'O. Elektronisches Regieren: gute Regierungsführung neu erfinden. 2000. Verfügbar unter: <http://webworld.unesco.org/publications/it/egov/wordbank/20okotuma.pdf>. Abgerufen am 20/05/2015.

OLSON. The Rise and Decline of Nations - Economic Growth, Stagflation and Social Rigidities.Yale University Press.London, 1982.

PAIVA, P. A. Corporate Governance in Brasilien: Kontrolle versus Rechtsschutz. 2002. 147 f. Dissertation (Master in Business Administration). Fakultät für Angewandte Sozialstudien, Abteilung für Verwaltung, UnB, Brasília, DF, 2002.

PANZARDI, Roberto; CALCOPIETRO, Carlos; IVANOVIC, Enrique Fanta. Studie über den Sektor der neuen Wirtschaft: elektronische Verwaltung und Regierungsführung - Lehren aus Argentinien. Arbeit

Papier. Washington, DC: Weltbank, Juli 2002. Verfügbar unter: <http://www.worldbank. org>. Abgerufen am: 08/06/2014.

PARREIRAS, Tatiana A. S., CARDOSO, Ana M., PARREIRAS, Fernando S. Governo eletrônico: uma avaliação do site da assembleia legislativa de Minas Gerais. In: CINFORM, 5, 2004, Salvador. Proceedings... Salvador: UFBA, 2004. Verfügbar unter: <http://www.netic.com.br/docs/publicacoes/pub0006.pdf>. Abgerufen am: 16/05/2015.

PAUL, Shampa. Eine Fallstudie über E-Governance-Initiativen in Indien. The International Information & Library Review, V. 39, S. 176-184, 2007.

PEREIRA, S.A. et al. E-Governance in der öffentlichen Verwaltung: eine Fallstudie über elektronische Steuernoten -NF-e.http://www.congressocfc.org.br/hotsite/trabalhos_1/421.pdf

PIERANTI, Octavio Penna; RODRIGUES, Silvia; PECI, Alketa. Governance und New Public Management: Konvergenzen und Widersprüche im brasilianischen Kontext. In: JAHRESTAGUNG DER NATIONALEN VEREINIGUNG VON POST-GRADUATIONSPROGRAMMEN IN DER VERWALTUNG - ENANPAD, 31., 2007, Rio de Janeiro. Proceedings... Rio de Janeiro: ANPAD, 2007.

PINHO, J. A. G. Staatliche E-Government-Portale in Brasilien: zu viel Technologie und zu wenig Demokratie. Revista de Administração Pública. Rio de Janeiro v.42, n.3, S. 471-93, Mai/Juni 2008.

PINHO, José Antônio Gomes de; IGLESIAS, Diego; SOUZA, Ana Carolina Pereira de. Governo Eletrônico, Transparência, Accountability e Participação: o que portais de governos estaduais no Brasil mostram. In: JAHRESTAGUNG DER NATIONALEN VEREINIGUNG VON POST-GRADUATIONSPROGRAMMEN IN DER VERWALTUNG - ENANPAD, 29, 2005, Brasília. Proceedings... Rio de Janeiro: ANPAD, 2005.

POLLITT, Christopher; BOUCKAERT, Geert. Evaluierung von Reformen der öffentlichen Verwaltung: eine internationale Perspektive. In **Revista do Serviço Público/Fundação** Escola Nacional de Administração Pública - v.1, n.1 (nov. 1937) - Ano 53, n.3 (Jul-Sep/2002). Brasília: ENAP, 1937 (vierteljährlich ISSN:0034/9240).

POPPER, K.R. **A lógica da pesquisa científica**. 11 ed. São Paulo: Cultrix, 1974.

PRZEWORSK,Y. **Staat und Wirtschaft im Kapitalismus**. Rio de Janeiro: Relume Dumará, 1995.

REZENDE, F.; CUNHA, A.; CARDOSO, R. L. Costs in the public sector. **Revista de Administração Pública**, Rio de Janeiro, RJ, v. 44, n. 4, p. 789-790, jul/ago. 2010.

REZENDE, Denis A.; FREY, Klaus F. Strategische Verwaltung und E-Governance in der Stadtverwaltung. **Revista Eletrônica de Gestão de Negócios**, v. 1, n. 1, S. 51-59, 2005.

RIBEIRO, C. A. **E-Government bei der Reform des Staates: Zusammenhänge und Perspektiven**. In: CONIP - Congresso de Informática Pública, 10, São Paulo, 2004.

RICHARDSON, Roberto Jarry. **Sozialforschung: Methoden und Techniken**. 3. Auflage. São Paulo: Atlas, 1999.

RILEY, Cathia Gilbert. **Die sich verändernde Rolle des Bürgers in der Gleichung von E-Governance und E-Demokratie**. Commonwealth Centre for e-Governance, 2003.

RUA, M. G. Desafios da administração pública brasileira: governança, autonomia, neutralidade. **Revista do Serviço Público**. v. 48,n. 3, Sept./Dez. 1997.

RUEDIGER, M. A. Demokratisches Regieren im Informationszeitalter. **Zeitschrift für öffentliche Verwaltung**. Rio de Janeiro, v. 37, n. 6, p. 1257-1280, nov./dez. 2003.

RUELAS, Ana Luz; ARÁMBURO, Patrícia Pérez. **Elektronische Verwaltung: Studie und Entwicklungsperspektiven**. UNIrevista, v. 1, n. 3, jul. 2006.

SAIDI, Nasser; YARED, Hala. ***E-Government**: Technologie für gute Regierungsführung, Entwicklung und Demokratie in den MENA-Ländern*. 2002. Verfügbar unter: <http://www.worldbank.org/mdf/mdf4/papers/saidi-yared.pdf>. Zugriff am: 03.09.2008.

SAMUELSON, P. A.; NORDHAUS, W. D. **Economia**. Ed. McGraw-Hill, 14ª ed. Portugal, 1993.

SANTOS JUNIOR, J. R.; OLIVEIRA. **Ein qualitativer Blick auf die elektronische Verwaltung in der öffentlichen Verwaltung**, verfügbar unter <www.aedb.br/seget/artigos06/740_artigo_final_ampliado-final.pdf> Accessed 22 Jun.2015.

SCHUELE, Karen. **Datenschutzerklärungen auf kommunalen Websites**. The Journal of Government Financial Management, v. 54, n. 2, S. 21-29, 2005.

SILVA, Juliano Mario da; CORREA, Patrícia Soares Azoline. **E-Governance und Unternehmertum: eine Analyse der Websites von Rathäusern im Bundesstaat Paraná**. In:

JAHRESTAGUNG DER NATIONALEN VEREINIGUNG VON POSTGRADUATIONSPROGRAMMEN IN DER VERWALTUNG - ENANPAD, 30, 2006, Salvador. Proceedings... Rio de Janeiro: ANPAD, 2006.

SOARES JUNIOR, Jair Sampaio; SANTOS, Ernani Marques dos. **Elektronische Verwaltung: eine sozio-technische Perspektive öffentlicher Organisationen auf der Grundlage von Standardisierung und Interoperabilität.** In: JAHRESTAGUNG DER NATIONALEN VEREINIGUNG VON POST-GRADUATIONSPROGRAMMEN IN DER VERWALTUNG - ENANPAD, 31., 2007, Rio de Janeiro. Proceedings... Rio de Janeiro: ANPAD, 2007.

SOUZA, Fábia Jaiany Viana de. **Elektronische Verwaltungspraktiken**: Eine Studie über die Portale der bevölkerungsreichsten Gemeinden Brasiliens. Master's dissertation. Bundesuniversität von Rio Grande do Norte - UFRN (2014).

SOUZA, F. J. V. et al.Electronic governance practices: a study on the websites of Brazilian capitals. **Qualit@s Electronic Journal,** v.14. n.2, 2013.

THOMAS, Pradip. Bhoomi, Gyan Ganga, E-Governance und das Recht auf Information: IKT und Entwicklung in Indien. **Telematics and Informatics,** V. 26, Nr. 1, S. 20-31, 2009.

TORRES, Lourdes; PINA, Vicente; ACERETE, Basílio. **E-Governance-Entwicklungen in den Städten der Europäischen Union**: Neugestaltung der Beziehungen zwischen Regierung und Bürgern. Governance: An International Journal of Policy, Administration, and Institutions, v. 19, n. 2, p. 277-302, apr. 2006.

TRIPATHI, Manorama. Lokvani (Stimme der Massen): eine Fallstudie über E-Governance im ländlichen Indien. **International Information & Library Review,** v. 39, n. 3-4, S. 194-202, 2007.

TULLOCK, G.; SELDON, A.; BRADY, G. L. **Government failure: a primer in public choice.** Catho Institute, Washington D. C. 2002.

UDEHN, L. **The Limits of Public Choice: a sociological critique of the Economic Theory of Politics.** New York: Routledge, 1996.

UNESCO - ORGANISATION DER VEREINTEN NATIONEN FÜR ERZIEHUNG, WISSENSCHAFT UND KULTUR. **Definition von E-Governance.** 2005. Verfügbar unter <http://portalunesco.org. Accessed 19 July 2015.

VOLPATO, Gilson. **Wissenschaft**: von der Philosophie zur Veröffentlichung. 6ª ed. rev. amp. São Paulo: Cultura Acadêmica, 2013.

WILLIAMSON, O.E. **Transaktionskostenökonomie und Organisationstheorie.** In: SMELSER, N.J.; SWEDBERG, R. (Hrsg.). Das Handbuch der Wirtschaftssoziologie. Princeton, Princeton University Press: 1994.

WELTBANK. **Entwicklungsmanagement**: Die Dimension der Regierungsführung. Die Weltbank, Washington, 29. August 1991.

ZWICKER, Ronaldo; SOUZA, Cesar Alexandre de; BIDO, Diógenes de Souza. **Eine Überprüfung des Modells des Informatisierungsgrads von Unternehmen: neue Vorschläge für die Schätzung und Modellierung mit PLS** (Partial Least Squares). In: ENANPAD, 32. JAHRESTAGUNG DER NATIONALEN VEREINIGUNG FÜR POST-GRADUATIONSPROGRAMME IN DER VERWALTUNG, 2008, Rio de Janeiro. Proceedings... Rio de Janeiro: ANPAD, 2008.

ANHANG 1 - E-GOVERNANCE-PRAKTIKEN MIT DER DEFINITION IHRER MASSSTÄBE

Inhaltliche Praktiken			
Variablen	Praktisch	Quellen	Skala
PCon1	Geben Sie eine Liste von *Links zu* internen und externen Organisationen, den Standort von Büros, Agenturen, Sektoren usw., Kontaktinformationen mit Öffnungszeiten, Adresse, Namen usw. an.	Holzer und Kim (2005); Schuele (2005)	0 - Praxis nicht identifiziert. 1 - enthält eine Liste von *Links zu* internen und externen Organisationen. 2 - enthält eine Liste von *Links zu* internen und externen Organisationen mit den Standorten von Büros, Agenturen, Sektoren usw. 3 - bietet eine Liste von *Links zu* internen und externen Organisationen mit dem Standort von Büros, Agenturen, Sektoren usw., Kontaktangaben mit Öffnungszeiten, Adresse, Namen usw.
PCon2	Bereitstellung des Terminkalenders des Managers und der Politik der Institution.	Eisenberg (2004)	0 - Praxis nicht identifiziert. 1 - liefert einige Informationen über die Agenda des Gouverneurs oder die Politik der Institution. 2 - liefert einige Informationen über die Agenda des Gouverneurs und die Politik der Institution. 3 - enthält einige Informationen über die Agenda des Gouverneurs und die Politik der Institution, mit der Art der durchzuführenden Aktivität, Tag, Monat und Jahr.
PCon3	Stellen Sie Codes und Vorschriften zur Verfügung.	Holzer und Kim (2005)	0 - Praxis nicht identifiziert. 1 - enthält einige Informationen über Vorschriften und Regelungen. 2 - macht Codes und Vorschriften nur für die Bildschirmansicht verfügbar. 3 - stellen Sie die Vorschriften der Gemeinde zum Ausdrucken *und/oder Herunterladen zur* Verfügung.
PCon4	Bereitstellung von Haushaltsinformationen, Rechnungslegungsberichten, LRF-Anhängen und Ausschreibungsinformationen auf Fortschritte, Ausschreibungen, usw.	OECD (2001); Eisenberg (2004); Rose (2004); Holzer und Kim 2005); Knight und Fernandes (2006); Braga (2007)	0 - Praxis nicht identifiziert. 1 - enthält einige Informationen zum Haushalt, zu den Rechnungslegungsberichten und zu den Anhängen des LRF. 2 - enthält einige Informationen über den Haushaltsplan, Buchhaltungsberichte und Anhänge zum LRF und Ausschreibungen. 3 - Bietet einige Informationen über den Haushalt, Buchhaltungsberichte und Anhänge zum LRF und Ausschreibungen, mit der Möglichkeit zum Ausdrucken *und/oder Herunterladen,* mit anschaulichen Tabellen und Grafiken, usw.
Betrug5	Bereitstellung von Informationen über die Positionen, Kompetenzen und Gehälter von Staatsbediensteten.	Chahin *et al.* (2004); Fernandes (2004); Holzer und Kim (2005); Braga (2007)	0 - Praxis nicht identifiziert. 1 - enthält einige Informationen über die Positionen, Kompetenzen und Gehälter der Beamten. 2 - bietet einige Informationen über die Positionen, Kompetenzen und Gehälter von aktiven, inaktiven und pensionierten Beamten, wobei eine Unterteilung in öffentlich zugängliche und auf Beamte beschränkte Informationen (mit Passwortzugang) erfolgt. 3 - bietet vollständige Informationen über die

			Positionen, Zuständigkeiten und Gehälter der aktiven, inaktiven und pensionierten Beamten, wobei zwischen öffentlich zugänglichen und auf Beamte beschränkten Informationen (mit einem Passwort) unterschieden wird.
PCon6	Bereitstellung von Informationen über öffentliche Ausschreibungen, Bekanntmachungen, Testergebnisse usw.	Torres *et al.* (2006); Braga (2007); Tripathi (2007)	0 - Praxis nicht identifiziert. 1 - Praxis identifiziert.
PCon7	Ermöglichen Sie das Kopieren öffentlicher Dokumente durch Ausdrucken, Herunterladen usw.	Hollday (2002); Holzer und Kim (2005)	0 - Praxis nicht identifiziert. 1 - erlaubt nur die Abfrage auf der *Website*. 2 - ermöglicht die Konsultation auf der Website und das Kopieren einiger weniger Dokumente (Ausdruck und/oder *Download*) 3 - ermöglicht es, alle Dokumente zu kopieren, zu drucken, *herunterzuladen*, usw.
PCon8	Öffentliche Dokumente müssen korrekte Verweise, keine Tipp-, Rechtschreib- oder Grammatikfehler aufweisen; Identifizierung des geistigen Eigentums, Identifizierung der Quellen oder der Verantwortlichen, Mittel zur Kontaktaufnahme; Inhalt in klarer Sprache, professioneller Ton, keine Voreingenommenheit in der Sprache und werbefreie Informationen.	Vilela (2003)	0 - Praxis nicht identifiziert. 1 - erfüllt bestimmte Anforderungen. 2 - erfüllt mehr als 50 % der Anforderungen. 3 - erfüllt alle Anforderungen.
PCon9	Bereitstellung von Informationen zum Notfallmanagement, wobei die *Website* als Warnmechanismus für natürliche oder vom Menschen verursachte Probleme genutzt wird.	Holzer und Kim (2005); Tripathi (2007)	0 - Praxis nicht identifiziert. 1 - Praxis identifiziert.
PCon10	Veröffentlichung von Stellenangeboten, Ausbildungsangeboten und Ressourcen zur Weiterleitung von Lebensläufen.	Holzer und Kim (2005); Tripathi (2007)	0 - Praxis nicht identifiziert. 1 - einige Informationen veröffentlichen. 2 - veröffentlicht Stellenangebote, Ausbildungsangebote und andere Informationen. 3 - veröffentlicht freie Stellen, Ausbildungs- und Vermittlungsangebote und andere Informationen und bietet Interessenten die Möglichkeit, ihren Lebenslauf einzusenden.
PCon11	Erstellen Sie einen Veranstaltungskalender, ein schwarzes Brett usw.	Holzer und Kim (2005); Tripathi (2007); Navarro et al. (2007)	0 - Praxis nicht identifiziert. 1 - liefert einige Informationen. 2 - bietet einen Veranstaltungskalender der Gemeinde, ein schwarzes Brett mit einigen Informationen. 3 - bietet einen Veranstaltungskalender der Gemeinde, ein schwarzes Brett mit allen notwendigen Informationen.

Variablen	Praktisch	Quellen	Skala
PCon12	Bereitstellung von Informationen mit formaler Verantwortung für den Inhalt und die Aktualisierung der Seiten.	Chahin *et al*. (2004)	0 - Praxis nicht identifiziert. 1 - In einigen Fällen. 2 - In mehr als 50 Prozent der Fälle. 3 - In allen Fällen.
PCon13	Bereitstellung von Audio- und Videodateien von öffentlichen Veranstaltungen, Vorträgen, Sitzungen usw. auf ihrer *Website*.	Holzer und Kim (2005)	0 - Praxis nicht identifiziert. 1 - Praxis identifiziert.

Service-Praktiken

Variablen	Praktisch	Quellen	Skala
PSer1	Geben Sie E-Mails, Telefonnummern und Adressen an, um Informationen anzufordern.	Eisenberg (2004); Holzer und Kim (2005)	0 - Praxis nicht identifiziert. 1 - bietet E-Mails und/oder Telefonnummern für Informationen über bestimmte Dienstleistungen. 2 - enthält E-Mail-Adressen und/oder Telefonnummern für Informationen zu den meisten Dienstleistungen. 3 - enthält E-Mail-Adressen und/oder Telefonnummern für Informationen über alle Dienstleistungen, einschließlich Adressen für den persönlichen Kontakt.
PSer2	Die Homepage sollte personalisiert werden, um den Bürgern den Zugang zu öffentlichen Dienstleistungen zu erleichtern.	Holzer und Kim (2005)	0 - Praxis nicht identifiziert. 1 - enthält einige Informationen über die Dienste, die auf der Seite verstreut sind. 2 - enthält einige Informationen über die Dienstleistungen, die in einem bestimmten Bereich organisiert sind. 3 - hat einen personalisierten Bereich auf der Startseite mit *Links* zu allen Diensten.
PSer3	Ermöglichung des Zugangs zu privaten Informationen mit Hilfe von Passwörtern, wie z. B. Straf-, Bildungs-, Kranken- und Zivilakten usw.	Silva Filho und Perez (2004); Holzer und Kim (2005)	0 - Praxis nicht identifiziert. 1 - erlaubt die Abfrage einiger privater Informationen nur mit einer bestimmten Kennung, z. B. CPF, ID, Studentendaten usw. 2 - erlaubt den Zugang zu einigen privaten Informationen nur mit einer bestimmten Kennung, z. B. CPF, ID, Studentendaten usw. 3 - ermöglicht den Zugang zu privaten Informationen mit Hilfe von Passwörtern in Diensten in den Bereichen Gesundheit, Bildung, Justiz, usw.
PSer4	Ermöglichen Sie den Zugang zu Informationen über Bildung, Wirtschaftsindikatoren, Bildungseinrichtungen, Umwelt, Gesundheit, Verkehr usw.	Tripathi (2007)	0 - Praxis nicht identifiziert. 1 - hat Zugang zu einigen dieser Informationen. 2 - hat Zugang zu all diesen Informationen. 3 - hat einen personalisierten Bereich auf der Homepage mit einem *Link zu* all diesen Informationen.
PSer5	Identifizieren Sie die verantwortliche oder leitende Person für den *Standort*, damit Sie mit ihr in Kontakt treten oder Rechenschaft ablegen können.	Holzer und Kim (2005)	0 - Praxis nicht identifiziert. 1 - nur auf der Startseite gekennzeichnet. 2 - Sie ist auf der Startseite und auf einigen anderen Seiten gekennzeichnet. 3 - hat auf jeder Seite eine Kennzeichnung.
PSer6	Erstellung eines Berichts über Verstöße gegen Gesetze und Verwaltungsvorschriften.	Holzer und Kim (2005)	0 - Praxis nicht identifiziert. 1 - Praxis identifiziert.

PSer7	Bereitstellung eines Mechanismus zur Einreichung, Überwachung und Beseitigung öffentlicher Beschwerden.	Tripathi (2007)	0 - Praxis nicht identifiziert. 1 - hat nur eine allgemeine E-Mail- und/oder Telefonnummer und die einiger Organisationen für Beschwerden. 2 - hat eine allgemeine *E-Mail-Adresse* und/oder Telefonnummer und die bestimmter Organisationen für Beschwerden. 3 - verfügt über eine spezielle Ombudsstelle im General- oder Sekretariatsbereich mit einer E-Mail- und/oder Telefonnummer für Beschwerden.
PSer8	Bereitstellung von Nachrichten und Informationen über die öffentliche Politik.	Parreiras *et al.* (2004)	0 - Praxis nicht identifiziert. 1 - bietet einige unorganisierte Informationen. 2 - liefert einige Informationen in geordneter Form. 3 - bietet geordnete Informationen über die wichtigsten politischen Maßnahmen der Regierung.
PSer9	Ermöglichen Sie die Zahlung von Steuern, Gebühren, Verbesserungsbeiträgen, Bußgeldern usw. Diese Praxis sollte den Zugang zu Informationen, das Ausfüllen von Formularen, die Berechnung der Steuer und möglicher Bußgelder und Zinsen sowie die *Online-Zahlung* ermöglichen.	Chahin et al. (2004); Holzer und Kim (2005) Knight und Fernandes (2006); Torres *et al.* (2006).	0 - Praxis nicht identifiziert. 1 - liefert nur Informationen über Steuern 2 - bietet Informationen, Ausfüllen von Formularen, Steuerberechnung, Bußgelder und Zinsen. 3 - bietet Informationen, das Ausfüllen von Formularen, die Berechnung von Steuern, Bußgeldern und Zinsen und ermöglicht die *Online-Zahlung*.
PSer10	Ermöglichung der Abfrage von Registrierungsdaten, Ausstellung von Bußgeldzahlungsscheinen.	Silva Filho und Perez (2004); Torres *und andere* (2006); Tripathi (2007)	0 - Praxis nicht identifiziert. 1 - liefert nur Informationen. 2 - die Abfrage von Registrierungsdaten ermöglichen, 3 - Abfrage der Registrierungsdaten und Ausstellung von Einzahlungsscheinen für Geldbußen ermöglichen
PSer11	Ermöglichung der elektronischen Beschaffung von Steuerdokumenten wie Steueranfragen und -bescheinigungen, elektronische Rechnungen usw.	Chahin et al. (2004); Torres *und andere* (2006)	0 - Praxis nicht identifiziert. 1 - liefert nur Informationen. 2 - die Möglichkeit, Steuerunterlagen wie Steueranfragen und Bescheinigungen auf elektronischem Wege zu erhalten. 3 - Ermöglichung der elektronischen Beschaffung von Steuerunterlagen wie Steueranfragen und -bescheinigungen, elektronische Rechnungen usw.
PSer12	Ermöglichen Sie es Bürgern und/oder Unternehmen, sich für *Online-Dienste zu* registrieren.	Holzer und Kim (2005)	0 - Praxis nicht identifiziert. 1 - Bürgern oder Unternehmen die Möglichkeit geben, sich für mindestens einen *Online-Dienst zu* registrieren. 2 - Bürgern oder Unternehmen die Möglichkeit geben, sich für bestimmte *Online-Dienste zu* registrieren. 3 - Bürgern und Unternehmen die Möglichkeit geben, sich für einige *Online-Dienste zu* registrieren.
PSer13	Erteilung von Lizenzen, Registrierungen oder Genehmigungen, wie z. B.: Gesundheitsgenehmigungen, Lizenzen/Registrierungen für	Holzer und Kim (2005);	0 - Praxis nicht identifiziert. 1 - enthält nur Informationen darüber, wie man diese Lizenzen erhält. 2 - Erteilung einer Art *Online-Lizenz*. 3 -

	Hunde und andere Tiere, Genehmigungen für die Eröffnung und Schließung von Betrieben, Baugenehmigungen usw.	Torres *et al.* (2006)	Lizenzen, Registrierungen oder Genehmigungen zu erteilen, wie z. B.: Gesundheitslizenzen, Lizenzen/Registrierungen für Hunde und andere Tiere, Lizenzen für die Eröffnung und Schließung von Betrieben,
PSer14	Ermöglicht Ihnen den Kauf von Eintrittskarten für Veranstaltungen usw.	Holzer und Kim (2005); Torres *et al.* (2006)	0 - Praxis nicht identifiziert. 1 - enthält lediglich Informationen über die Veranstaltung und darüber, wo man Karten kaufen kann. 2 - bietet Informationen über die Veranstaltung, wo man Eintrittskarten kaufen kann und ermöglicht es Ihnen, Reservierungen vorzunehmen. 3 - bietet Informationen über die Veranstaltung und ermöglicht den Kauf von Eintrittskarten.
PSer15	Sie verfügt über einen elektronischen Beschaffungsmechanismus durch Online-Auktionen - elektronische Auktionen -, die aus einer Internet-Handelssitzung für automatische und automatisierte Verhandlungen bestehen.	Chahin *et al.* (2004); Fernandes (2004);	0 - Praxis nicht identifiziert.
	zwischen Organisationen, Käufern und Lieferanten im privaten Sektor.	Parreiras *et al.* (2004); Sanchez (2005); Ritter und Fernandes (2006)	1 - Praxis identifiziert.
PSer16	Veröffentlichung von Ausschreibungen und deren Ergebnissen.	Ritter und Fernandes (2006)	0 - Praxis nicht identifiziert. 1 - liefert nur Informationen über Ausschreibungen. 2 - stellt die Ausschreibungen und ihre Ergebnisse zur Verfügung. 3 - Sie macht öffentliche Ausschreibungen, deren Ergebnisse und andere Informationen an einem bestimmten Ort und in geordneter Form zugänglich.

Praktiken der Bürgerbeteiligung

Variablen	Praktisch	Quellen	Skala
PPC1	Sie haben einen *Online-Newsletter*.	Holzer und Kim (2005)	0 - Praxis nicht identifiziert. 1 - Praxis identifiziert.
PPC2	Bereitstellung von Governance-Informationen.	Holzer und Kim (2005)	0 - Praxis nicht identifiziert. 1 - Praxis identifiziert.
PPC3	Stellen Sie eine Kontakt-E-Mail mit einer Beschreibung der Antwortpolitik zur Verfügung, beginnend mit der Uhrzeit und dem Datum des Eingangs, der geschätzten Zeit für eine Antwort, was zu tun ist, wenn keine Antwort eingeht, und eine Kopie Ihrer ursprünglichen Nachricht.	Clift (2003); Holzer und Kim (2005); Navarro *et al.* (2007)	0 - Praxis nicht identifiziert. 1 - bietet nur eine allgemeine Kontakt-E-Mail-Adresse. 2 - enthält eine *E-Mail-Adresse* zur Kontaktaufnahme mit dem Gouverneur und den Sekretären. 3 - eine *E-Mail-Adresse* für die Kontaktaufnahme mit dem Gouverneur und den Sekretären, mit einer Beschreibung der beschlossenen Antwortpolitik,

			beginnend mit der Uhrzeit und dem Datum des Eingangs, der voraussichtlichen Frist für die Antwort, was zu tun ist, wenn die Antwort nicht eingeht, und einer Kopie Ihrer ursprünglichen Nachricht.
		Panzardi *et al.* (2002;) Clift (2003); Chahin *et al.* (2004); Eisenberg	0 - Praxis nicht identifiziert.
PPC4	Bereitstellung einer Pinnwand, eines Chats, eines Diskussionsforums, von Diskussionsgruppen, Chats usw., um politische, wirtschaftliche und soziale Fragen mit gewählten Vertretern, bestimmten Gremien, Experten usw. zu erörtern und so den Dialog zwischen Regierung und Bürgern zu erleichtern, mit der realen Möglichkeit der Beteiligung.	(2004); Parreiras *et al.* (2004); Rose (2004); Holzer und Kim (2005); Knight und Fernandes (2006); Navarro *et al.* (2007) Braga (2007); Berlot und Jaeger (2008)	1 - bietet nur eine Tafel. 2 - bietet ein Schwarzes Brett und einen direkten Kommunikationskanal wie: Chat, Diskussionsforum oder *Chats* usw. 3 - bietet ein Schwarzes Brett und direkte Kommunikationskanäle wie: Chat, Diskussionsforen und *Chats* usw.
PPC5	Veröffentlichung der Tagesordnung oder des Kalenders für öffentliche Diskussionen, einschließlich Zeit, Ort, Tagesordnung und Informationen über Aussagen, Beteiligung, Bemerkungen oder Optionen der Bürger.	Clift (2003); Holzer und Kim (2005); Navarro *et al.* (2007)	0 - Praxis nicht identifiziert 1 - enthält lediglich eine Liste der zu erörternden Themen. 2 - bietet eine Tagesordnung oder einen Kalender für öffentliche Diskussionen, mit Datum und Ort. 3 - stellt die Tagesordnung oder den Kalender der öffentlichen Diskussionen zur Verfügung, mit Datum, Ort und Informationen über die Stellungnahmen, die Beteiligung, die Kommentare oder die Optionen der Bürger.
PPC6	Durchführung von kurzen oder detaillierteren Umfragen zur Zufriedenheit, zu Meinungen, Präferenzen und Vorschlägen, um zu ermitteln, wie die Bürger die angebotenen Dienste und die E-Governance-Struktur selbst wahrnehmen.	Clift (2003); Holzer und Kim (2005); Berlot und Jaeger (2008)	0 - Praxis nicht identifiziert 1 - führt eine Art Zufriedenheits-, Meinungs-, Präferenz- und Vorschlagsumfrage durch. 2 - führt Umfragen zur Zufriedenheit, zu Meinungen, Präferenzen und Vorschlägen durch, um zu ermitteln, wie die Bürger die angebotenen Dienstleistungen wahrnehmen. 3 - führt Umfragen zur Zufriedenheit, zu Meinungen, Präferenzen und Vorschlägen durch, um die Wahrnehmung der Bürgerinnen und Bürger in Bezug auf die angebotenen Dienstleistungen und die E-Governance-Struktur selbst zu überprüfen.
PPC7	Bereitstellung eines speziellen Kanals für die Einreichung von Beschwerden.	Ritter und Fernandes (2006)	0 - Praxis nicht identifiziert. 1 - Praxis identifiziert.

87

			0 - Praxis nicht identifiziert.
PPC8	Geben Sie biografische Informationen, *E-Mail,* Telefon, Foto und Adresse für die Kontaktaufnahme mit gewählten Vertretern und Regierungsmitgliedern an.	Torres *et al.* (2006)	1 - bietet eine Art von Information und Kontakt mit dem Bürgermeister und/oder den Sekretären.
			2 - enthält biografische Informationen, *E-Mail,* Telefonnummer, Foto und Kontaktadresse nur für den Bürgermeister und/oder einige Sekretäre.
			3 - enthält biografische Informationen, *E-Mail-Adresse,* Telefonnummer, Foto und Kontaktadresse des Bürgermeisters und aller Sekretäre.
PPC9	Geben Sie die Struktur und die Funktionen an.	Torres *et al.* (2006)	0 - Praxis nicht identifiziert.
			1 - Liefert nur die Struktur.
			2 - Liefert die Struktur und die Funktionen.
			3 - Enthält die Struktur, die Funktionen und andere Informationen wie: Hauptstrategien, Ziele usw.
PPC10	Bieten Sie einen speziellen *Link zum Thema* "Demokratie" oder "Bürgerbeteiligung" auf der Hauptseite Ihrer *Website an,* der Sie zu einem speziellen Abschnitt führt, in dem der Zweck und die Aufgaben der öffentlichen Stellen sowie die hochrangigen Entscheidungsträger beschrieben werden und der Links zur Gesetzgebung, zum Haushalt und zu anderen Informationen *über die Rechenschaftspflicht enthält.*	Clift (2003)	0 - Praxis nicht identifiziert.
			1 - bietet einen speziellen *Link zu* "Demokratie" oder "Bürgerbeteiligung" auf der Hauptseite ihrer *Website.*
			2 - bietet auf der Hauptseite seiner *Website* einen speziellen *Link* für "Demokratie" oder "Bürgerbeteiligung", der zu einem besonderen Abschnitt führt, in dem der Zweck und die Aufgabe der öffentlichen Stellen und hochrangigen Entscheidungsträger erläutert werden.
			3 - bietet auf der Hauptseite seiner *Website* einen speziellen *Link zum Thema* "Demokratie" oder "Bürgerbeteiligung", der zu einem besonderen Abschnitt führt, in dem der Zweck und die Aufgaben der öffentlichen Stellen und der hochrangigen Entscheidungsträger erläutert werden und der Links zu Rechtsvorschriften, zum Haushalt und zu anderen Informationen über *die Rechenschaftspflicht enthält.*

Datenschutz und Sicherheitspraktiken

Variablen	Praktisch	Quellen	Skala
PPS1	Nennen Sie die Datenschutzbestimmungen in der *Website, in der* die Art der gesammelten Daten und die Richtlinien für die Verwendung und Weitergabe personenbezogener Daten beschrieben werden, die die Sammler der Daten identifizieren, die auf allen Seiten verfügbar sind, auf denen die Daten akzeptiert werden, und die das Datum enthält, an dem die Datenschutzrichtlinie überarbeitet wurde.	Bonett (2004); Parreiras *et al.* (2004); Holzer und Kim (2005); Schuele (2005).	0 - Praxis nicht identifiziert.
			1 - gibt nur einige Informationen zum Datenschutz an.
			2 - gibt die Datenschutzpolitik auf der *Website* an *und* beschreibt die Art der gesammelten Informationen und die Richtlinien über die Verwendung und Weitergabe von persönlichen Daten, die die Sammler der Daten identifizieren und nur auf einigen Seiten verfügbar sind, die diese Daten akzeptieren.
			3 - gibt die Datenschutzpolitik auf der *Website* an, *in der* die Art der gesammelten Daten und die Richtlinien für die Verwendung und Weitergabe von persönlichen Daten beschrieben werden, wobei die Sammler der Daten identifiziert werden, die auf allen Seiten, die Daten akzeptieren, verfügbar sind, und das Datum angegeben wird, an dem die Datenschutzpolitik überarbeitet wurde.

PPS2	Ermöglichen Sie es, die Weitergabe personenbezogener Daten auf ein Mindestmaß zu beschränken, indem Sie die Möglichkeit bieten, sich für die Bereitstellung von Informationen an- und abzumelden.	Holzer und Kim (2005); Schuele (2005).	0 - Praxis nicht identifiziert. 1 - Praxis identifiziert.
PPS3	dem Nutzer die Möglichkeit geben, seine persönlichen Daten zu überprüfen und unvollständige oder fehlerhafte Informationen anzufechten.	Holzer und Kim (2005); Schuele (2005).	0 - Praxis nicht identifiziert. 1 - Praxis identifiziert.
PPS4	Informieren Sie die Praxis, bevor personenbezogene Daten erhoben werden, und heben Sie dabei die Einrichtung hervor, die die Daten erhebt, den Zweck der Erhebung, die potenziellen Empfänger, die Art der Daten, die Art der Erhebung, ob die Daten freiwillig oder obligatorisch sind und welche Folgen die Nichtbereitstellung der Daten hat.	Schuele (2005)	0 - Praxis nicht identifiziert. 1 - legt einige Informationen über Praktiken offen, entweder bevor oder nachdem die Informationen gesammelt wurden. 2 - informiert die Praktiken, bevor personenbezogene Daten erhoben werden, wobei zumindest auf einigen Seiten, auf denen Daten erhoben werden, hervorgehoben wird, wer die Daten erhebt, der Zweck der Erhebung, die potenziellen Empfänger, die Art der Daten, die Art der Erhebung, ob die Daten freiwillig oder obligatorisch sind und welche Folgen die Nichtbereitstellung der Daten hat. 3 - auf allen Seiten, auf denen personenbezogene Daten erhoben werden, über das Unternehmen, das die Daten erhebt, den Zweck der Erhebung, die potenziellen Empfänger, die Art der Daten, die Art der Erhebung, die Freiwilligkeit oder die Pflicht zur Angabe der Daten und die Folgen der Nichtangabe der Daten informiert.
PPS5	Begrenzen Sie den Zugang zu den Daten und stellen Sie sicher, dass sie nicht für unbefugte Zwecke verwendet werden, indem Sie Passwörter und die Verschlüsselung sensibler Daten sowie Prüfverfahren verwenden.	Manber et al. (2000); Holzer und Kim (2005)	0 - Praxis nicht identifiziert. 1 - Haben Sie irgendwelche Informationen über die Zugangsbeschränkung und die Garantie der Nichtverwendung von Daten für unbefugte Zwecke. 2 - den Zugang zu den Daten einschränkt und sicherstellt, dass sie nicht für unbefugte Zwecke verwendet werden, indem Passwörter oder die Verschlüsselung sensibler Daten verwendet werden. 3 - schränkt den Zugang zu den Daten ein und stellt sicher, dass sie nicht für unbefugte Zwecke verwendet werden, indem Passwörter und die Verschlüsselung sensibler Daten sowie Prüfverfahren eingesetzt werden.
PPS6	Geben Sie eine spezielle Kontaktadresse, Telefonnummer und/oder E-Mail-Adresse für Beschwerden, Kritik usw. bezüglich der Datenschutz- und Sicherheitsrichtlinien an.	Holzer und Kim (2005)	0 - Praxis nicht identifiziert. 1 - Praxis identifiziert.
PPS7	Ermöglichen Sie den Zugang zu öffentlichen Informationen über einen eingeschränkten Bereich, der	Chahin et al. (2004);	0 - Praxis nicht identifiziert. 1 - ermöglicht den Zugang zu öffentlichen Informationen über einen eingeschränkten Bereich,

	ein Passwort und/oder eine Registrierung erfordert, wie z. B. die Verwendung einer digitalen Signatur zur Identifizierung von Benutzern.	Hayat *et al.* (2005); Holzer und Kim (2005)	für den lediglich eine Benutzerregistrierung erforderlich ist.
			2 - ermöglicht den Zugang zu öffentlichen Informationen über einen eingeschränkten Bereich, der eine Benutzerregistrierung und ein Passwort erfordert.
			3 - ermöglicht den Zugang zu öffentlichen Informationen über einen geschützten Bereich, der eine Registrierung, ein Passwort und eine ~~digitale Unterschrift des Nutzers~~ erfordert~~—~~
PPS8	Erlauben Sie Servern den Zugang zu nicht-öffentlichen Informationen über einen eingeschränkten Bereich, der ein Passwort und/oder eine Registrierung erfordert.	Holzer und Kim (2005)	0 - Praxis nicht identifiziert. 1 - Praxis identifiziert.

Praktiken für Benutzerfreundlichkeit und Barrierefreiheit

Variablen	Praktisch	Quellen	Skala
PUA1	Die Größe der *Homepage* sollte maximal zwei Bildschirmlängen betragen.	Holzer und Kim (2005)	0 - Praxis nicht identifiziert. 1 -Praktikum identifiziert.
PUA2	Bestimmen Sie die Zielgruppe der *Website,* mit personalisierten Kanälen für bestimmte Gruppen wie Bürger, Unternehmen oder andere öffentliche Einrichtungen.	Holzer und Kim (2005)	0 - Praxis nicht identifiziert. 1 - bietet auf der Startseite einige Informationen über das Zielpublikum der *Website*, mit einzelnen Links. 2 - bestimmt die Zielgruppe der *Website* auf der Startseite, mit personalisierten Kanälen für Gruppen wie Bürger, Unternehmen oder andere öffentliche Einrichtungen, auf unorganisierte Weise. 3 - Festlegung der Zielgruppe der *Website* auf der Startseite, mit maßgeschneiderten Kanälen für bestimmte Gruppen wie Bürger, Unternehmen oder andere öffentliche Einrichtungen, in organisierter Form.
PUA3	Die Navigationsleiste sollte über gruppierte Elemente im Navigationsbereich verfügen, über klare Begriffe zur Definition der Navigationsoptionen in den Kategorien, über Navigationssymbole, die sofort die Klasse der Elemente erkennen lassen, über identifizierende *Links* usw.	Parreiras *et al.* (2004); Holzer und Kim (2005)	0 - Praxis nicht identifiziert. 1 -Praktikum identifiziert.
PUA4	Bieten Sie auf allen Seiten anklickbare *Links* zur Homepage, zu Regierungsstellen und zu verwandten *Websites.*	Holliday (2002); Holzer und Kim (2005); Navarro *et al.* (2007)	0 - Praxis nicht identifiziert. 1 - eine Praxis, die auf einigen internen Seiten der Regierung festgestellt wurde. 2 - Praktiken, die auf einigen staatlichen und verwandten *Websites zu* finden sind. 3 - Praktiken, die auf allen staatlichen und verwandten *Websites* angegeben sind.

		Parreiras *et al.* (2004);	0 - Praxis nicht identifiziert.
PUA5	Bieten Sie auf der Startseite einen *Lageplan* oder eine Übersicht über alle *Standorte an.*	Holzer und Kim (2005); Torres *et al.* (2006); Braga (2007)	1 - Praxis identifiziert.
PUA6	Die Seiten sollten in einheitlichen, konsistenten Farben gestaltet werden, mit geeigneten Schriftarten, Textformatierungen, Sichtbarkeit von Elementen, Kriterien für die Verwendung von Logos usw.	Parreiras *et al.* (2004); Holzer und Kim (2005)	0 - Praxis nicht identifiziert. 1 - nur die Hauptseite wurde mit einheitlichen und konsistenten Farben gestaltet, mit geeigneten Schriftarten, Textformatierungen, Sichtbarkeit von Elementen, Kriterien für die Verwendung von Logos usw. 2 - einige Seiten wurden mit einheitlichen und konsistenten Farben gestaltet, mit geeigneten Schriftarten, Textformatierungen, Sichtbarkeit von Elementen, Kriterien für die Verwendung von Logos usw.
			3 - alle Seiten wurden mit einheitlichen und konsistenten Farben gestaltet, mit geeigneten Schriftarten, Textformatierungen, Sichtbarkeit von Elementen, Kriterien für die Verwendung von Logos usw.
PUA7	Die Texte sollten unterstrichen sein, um die *Links zu* kennzeichnen.	Holzer und Kim (2005)	0 - Praxis nicht identifiziert. 1 - Praxis identifiziert.
PUA8	Geben Sie das Datum an, an dem die Seiten zuletzt aktualisiert wurden.	Villela (2003); Holzer und Kim (2005)	0 - Praxis nicht identifiziert. 1 - Die Praxis wird nur auf der Startseite angezeigt. 2 - Praxis auf einigen Seiten identifiziert. 3 - Praxis auf jeder Seite gekennzeichnet.
PUA9	Bieten Sie einen *Link zu* Informationen mit der Möglichkeit der Kontaktaufnahme, mit Adresse, Telefon, Fax oder *E-Mail.*	Holliday (2002); Braga (2007)	0 - Praxis nicht identifiziert. 1 - bietet einen *Link* auf der Hauptseite für Informationen. 2 - bietet einen *Link* auf der Homepage für Informationen und eine Art von Kontakt. 3 - bietet auf der Homepage einen *Link* für Informationen an, mit der Möglichkeit, persönlich, mit einer Adresse oder per Telefon, Fax und *E-Mail* mit ihnen Kontakt aufzunehmen.
PUA10	Stellen Sie alternative Versionen von langen Dokumenten zur Verfügung, z. B. als .pdf- oder .doc-Dateien.	Holzer und Kim (2005)	0 - Praxis nicht identifiziert. 1 - Praxis identifiziert.
PUA11	Ermöglichen Sie den Zugriff auf Formularfelder über die Tasten oder den Cursor; kennzeichnen Sie deutlich die Felder, die ausgefüllt werden müssen; sorgen Sie für eine logische Reihenfolge der	Holzer und Kim (2005)	0 - Praxis nicht identifiziert. 1 - ermöglicht den Zugriff auf Formularfelder über Tasten oder den Cursor. 2 - ermöglicht den Zugriff auf Formularfelder über Tasten oder den Cursor und eine logische Reihenfolge der Feldregisterkarten, d.h. durch Antippen der Tabulatortaste gelangen Sie zum nächsten Feld.

	Feldtabs, d. h. durch Drücken der Tabulatortaste gelangen Sie zum nächsten Feld.		3 - ermöglicht den Zugriff auf Formularfelder über Tasten oder den Cursor, wobei die Reihenfolge der Feldregisterkarten logisch sein muss, d. h. durch Tippen auf die Tabulatortaste gelangt man zum nächsten Feld und kann die Felder, die ausgefüllt werden müssen, eindeutig identifizieren.
PUA12	Informationen darüber bereitstellen, wie übermittelte Fehler erkannt und korrigiert werden können.	Holzer und Kim (2005); Torres et al. (2006)	0 - Praxis nicht identifiziert. 1 - Praxis identifiziert.
PUA13	Verfügen Sie über eine Suchmaschine oder einen *Link* auf der Website selbst.	Torres et al. (2006)	0 - Praxis nicht identifiziert. 1 - Die Praxis wird nur auf der Startseite angezeigt. 2 - Praktiken, die auf der Homepage und anderswo angegeben sind. 3 - Praxis auf jeder Seite gekennzeichnet.
PUA14	Eine eigene Suchmaschine, die eine gezielte Suche, eine Suche nach Sekretariaten, eine Suche auf der gesamten *Website* usw. ermöglicht; mit erweiterten Suchfunktionen wie der Verwendung von Wörtern, exakten Sätzen, Kombinationen usw.; mit der Möglichkeit, Suchergebnisse nach Relevanz oder anderen Kriterien zu sortieren.	Holliday (2002); Parreiras et al. (2004); Holzer und Kim (2005); Braga (2007); Navarro et al. (2007); Shi (2007)	0 - Praxis nicht identifiziert. 1 - hat eine eigene Suchmaschine. 2 - Sie verfügt über eine eigene Suchmaschine, die es ermöglicht, gezielt nach Sekretariaten, auf der gesamten *Website* usw. zu suchen. 3 - verfügt über eine eigene Suchmaschine, die eine gezielte Suche, eine Suche nach Sekretariat, eine Suche auf der gesamten *Website* usw. ermöglicht, wobei die Suchergebnisse nach Relevanz oder anderen Kriterien sortiert werden können.
PUA15	Bereitstellung eines Zugangsmechanismus für Menschen mit besonderen Bedürfnissen .	Holzer und Kim (2005)	0 - Praxis nicht identifiziert. 1 - enthält nur Informationen über den Zugang für Menschen mit besonderen Bedürfnissen. 2 - hat Informationen über den Zugang für Menschen mit besonderen Bedürfnissen, mit einer Art von Kontakt. 3 - bietet einen Mechanismus für den Zugang für Menschen mit besonderen Bedürfnissen.
PUA16	Stellen Sie den Inhalt *Ihrer Website* in mehr als einer Sprache zur Verfügung.	Villela (2003); Holzer und Kim (2005)	0 - Praxis nicht identifiziert. 1 - macht den Inhalt einer Seite in mehr als einer Sprache verfügbar. 2 - bietet den Inhalt einiger Seiten in mehr als einer Sprache an. 3 - bietet *Website-Inhalte* in mehr als einer Sprache an.
PUA17	Schriftliche Texte mit geeigneten Schriftarten und Farben darstellen.	Shi (2007)	0 - Praxis nicht identifiziert. 1 - Praxis identifiziert.
PUA18	Stellen Sie Audioinhalte mit schriftlichen Transkripten und/oder Untertiteln zur Verfügung.	Shi (2007)	0 - Praxis nicht identifiziert. 1 - Praxis identifiziert.
PUA19	Ermöglichen Sie den Zugriff auf die *Website und* ihre Inhalte über die Computertastatur.	Shi (2007)	0 - Praxis nicht identifiziert. 1 - Praxis identifiziert.

Quelle: Mello (2009).

ANHANG 2 - IGEM-ERGEBNISSE FÜR DIE UNTERSUCHTEN GEMEINDEN

Gemeinden	IGEM	Gemeinden	IGEM	Gemeinden	IGEM
Porto Velho	61,500	Urupá	43,457	Minister Andreazza	41,887
Ariquemes	55,220	Nova Brasilândia	43,456	Candeias do Jamari	41,859
Ouro Preto	51,734	São Miguel	43,397	Cujubim	41,833
Vilhena	51,402	Nova Mamoré	43,396	Chupinguaia	41,766
Ji-Paraná	51,072	Jaru	43,335	Rio Crespo	41,671
Cacoal	50,381	Colorado D'oeste	43,284	Costa Marques	41,560
Pimenta Bueno	50,340	Mirante da Serra	43,280	Corumbiara	41,286
Alvorada D'oeste	48,502	RO Feder	43,182	Parecis	41,167
Alta Floresta	48,256	Pfefferbäume	42,791	Vale do Paraiso	41,166
Präsident Médici	46,862	St. Lucia	42,790	Monte Negro	41,050
Cacaulândia	46,684	Machadinho D'oeste	42,554	Neue Gewerkschaft	40,775
Rolim de Moura	46,078	Alto Alegre dos Parecis	42,552	Kastanienbäume	40,262
Espigão D'oeste	44,847	Alto Paraiso	42,398	Itapuã D'oeste	40,261
Kirschbäume	44,062	Anari-Tal	42,277	Cabixi	40,202
Neuer Horizont	44,062	Gummibäume	42,225	Campo Novo	39,912
Guajará Mirim	43,943	Buritis	42,134	Gouverneur Jorge Teixeira	39,778
Der Heilige Philippus	43,663	Theobroma	42,070		
San Francisco	43,550	Teixeirópolis	41,890		

Quelle: Forschungsdaten

ANHANG 3 - IGEM-ERGEBNISSE IN GRAFISCHER DARSTELLUNG DER UNTERSUCHTEN GEMEINDEN

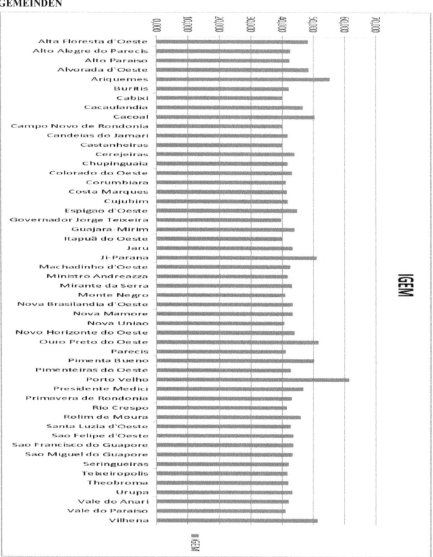

Quelle: Forschungsdaten

Milton Keynes UK
Ingram Content Group UK Ltd.
UKHW020850290324
440175UK00001B/315